一度は拝観したい、
あの仏像と出逢う旅にでかけませんか？

# 鎌倉
# 仏像さんぽ

～お寺と神社を訪ね、仏像と史跡を愉しむ～

「鎌倉仏像さんぽ」編集室 著

新装改訂版

Mates-Publishing

## 【はじめに】

鎌倉は源頼朝により開かれた鎌倉幕府の本拠となった「武家の都」である。ここには京都の貴族文化とは異なった武家政権ならではの独自の仏教文化が花開いた。面積がわずか四〇キロ平方メートルに満たない鎌倉市には百以上の寺院があるとされている。そんな鎌倉の多くの寺院には代々受け継がれてきた仏像が安置されている。仏像といえば奈良や京都に目が行きがちであるが、実は鎌倉にも美麗な仏さまや迫力満点の古像が数多く伝わっているのである。

鎌倉には奈良時代以前の草創縁起を伝える寺社があるが、仏像についてはこの時代に遡る歴史をもつものは見当たらない。鎌倉幕府開府以前の仏像としては杉本寺の十一面観音立像などが現存するに過ぎない。鎌倉時代に仏像の製作が本格的にはじまるのは源頼朝が奈良の大仏師成朝を招聘し、勝長寿院（父義朝の菩提寺）の諸仏を作らせたのが最初とされる。この後、成朝を後継者である運慶をはじめとする慶派の仏師たちが、東国武士と結びつきながら仏像作りに従事し、光触寺阿弥陀三尊像、壽福寺釈迦如来坐像を残した。

鎌倉時代の後期となると、中国宋の文化・文物の輸入が盛んに行われ、仏像にも宋様式の影響が見られるようになった。圓應寺初江王像など、衣の襞を煩雑なまでに装飾的に表す宋風の像の様式が数多くみられるのは宋の影響による。高徳院の鎌倉大仏は、慶派の造形に宋様式を融合させた典型的な像とされる。

そして、鎌倉地方にしか見られない装飾技法としては、浄光明寺阿弥陀三尊像など、像衣の随所に貼り付けられた土紋と呼ばれる装飾がある。これは土を型に入れて造形した花や葉などの文様で、東慶寺聖観音立像、来迎寺如意輪観音坐像、覚園寺阿弥陀如来坐像などがその代表。

また、実際の衣服を着せることを前提に作られた裸形像としては、鎌倉地方ではより写実的な像が作られた。青蓮寺弘法大師坐像、江島神社弁財天坐像がその代表例である。

1年を通じてたくさんの観光客が訪れる鎌倉であるが、多くの寺院は今も人々の信仰心の中にあり、仏像も人々を救いに導き続ける生きた尊像なのである。そんな、素晴らしい鎌倉の仏像と寺社を訪ねに、さあ、鎌倉へ出かけよう。

# 鎌倉《かまくら》 目次
## 仏像と史跡を愉しむ

※本書は2012年発行の『鎌倉　仏像さんぽ　お寺と神社を訪ね、仏像と史跡を愉しむ』を元に情報更新・一部必要な修正を行い、書名・装丁を変更して新たに発行したものです。

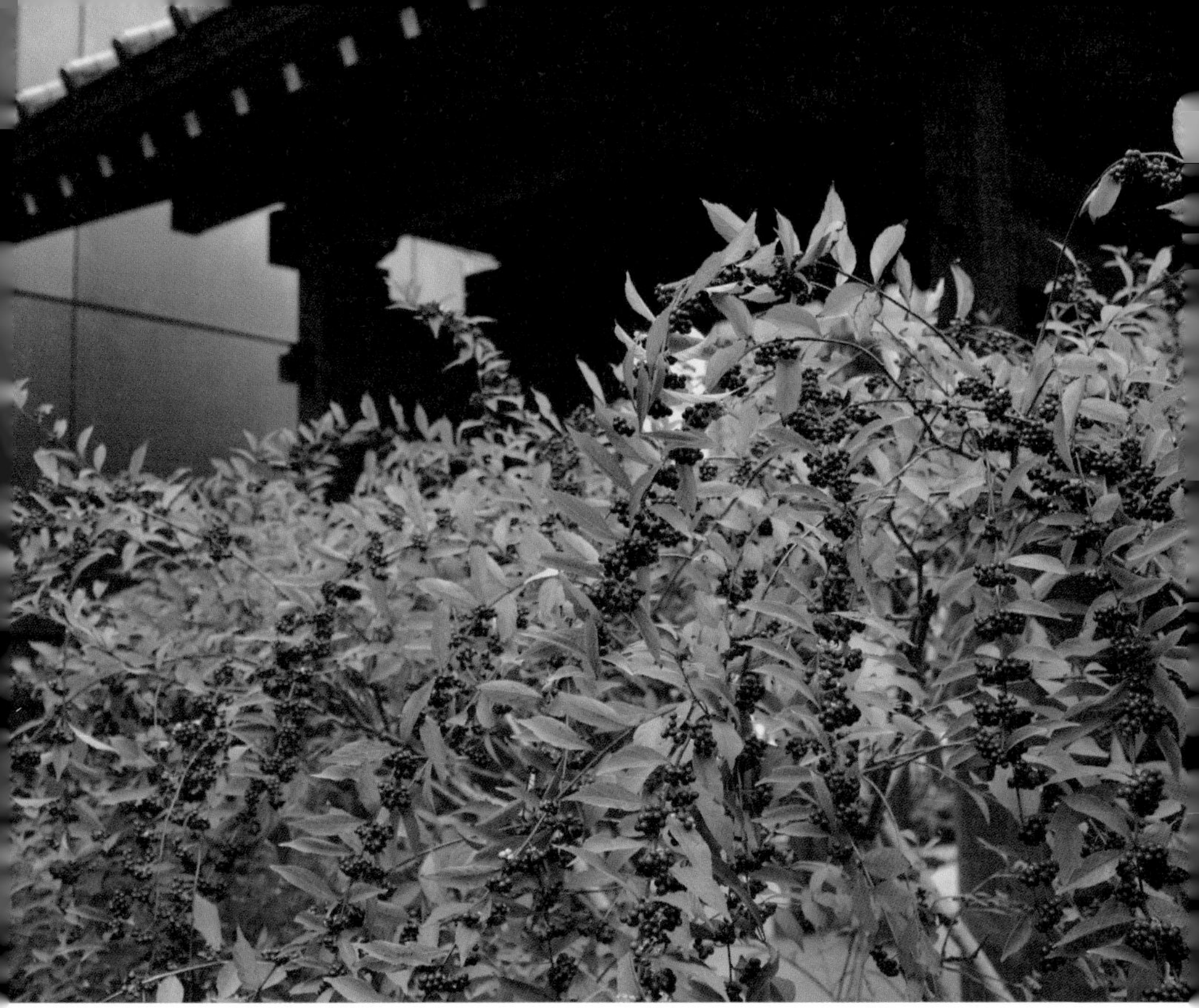

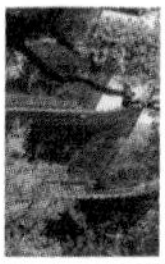

## 腰越・江の島エリア



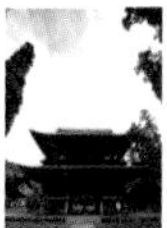

## 北鎌倉エリア

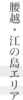

# 鎌倉全図

仏像と史跡を愉しむ案内エリア

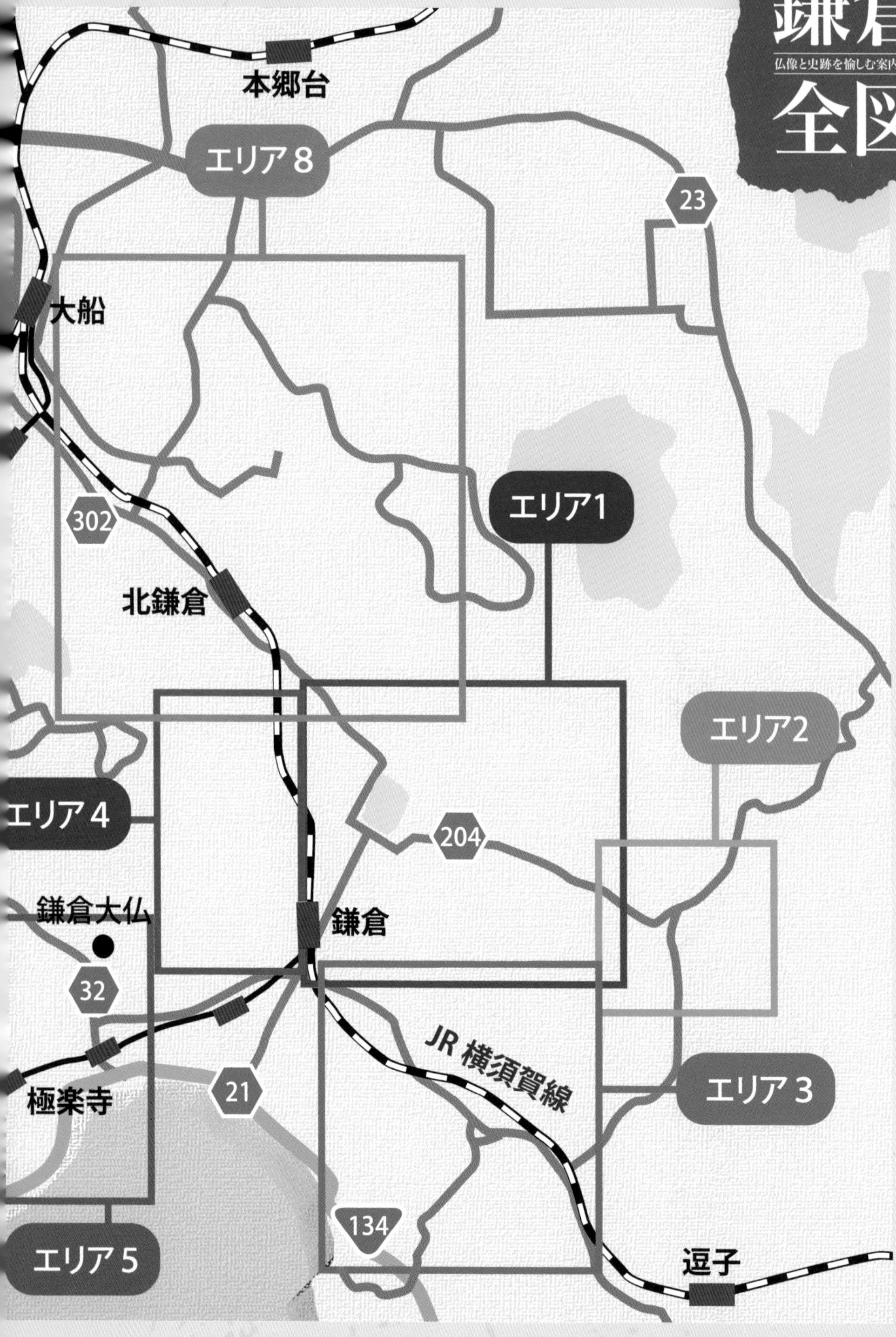

（エリア地図）
エリア1. 鎌倉駅東口・金沢街道南側/P10~
エリア2. 二階堂・金沢街道北側/P38~
エリア3. 大町・材木座/P50~
エリア4. 源氏山・鎌倉駅西口/P70~
エリア5. 由比ヶ浜・長谷/P82~
エリア6. 鎌倉山・七里ヶ浜/P98~
エリア 7 . 腰越・江の島/P106~
エリア8. 北鎌倉/P116~
藤沢
JR 東海道本線
湘南新道
小田急線
湘南モノレ
エリア 6
467
西鎌倉
エリア 7
江ノ島
片瀬江ノ島
江ノ電
七里ヶ浜
鎌倉高校前
305
相模湾

# 本　書　の　使　い　方

仏像　阿弥陀如来坐像・千手観音菩薩像

祇園山《ぎおんざん》 安養院《あんよういん》

田代観音で親しまれる尼将軍北条政子創建の寺

源頼朝の菩提を弔うために嘉禄元年(一二二五)に北条政子が建てた長楽寺が前身と伝わる。長楽寺は現在の鎌倉文学館のある笹目の長楽寺ヶ谷にあった真言律宗の寺院であった。

鎌倉末期になり浄土宗の善導寺があった現在の地に移され、この頃から寺名を政子の法名「安養院如実妙観大禅定尼」から安養院と改めたといわれる。

時代が下り江戸時代の延宝八年(一六八〇)に町屋の失火から全焼したが、再建時に比企ヶ谷にあった田代寺が安養院に統合された。

田代寺は建久三年(一一九二)に、頼朝の御家人・田代信綱により創建された寺院で、千手観音を祀る観音堂が移築され、以来、田代観音堂とも呼ばれるようになった。

本堂の裏手には、善導寺開山の尊観の墓といわれる宝篋印塔がある。徳治三年(一三〇八)の銘がある巨大な石塔で、鎌倉に存在する石塔の中では最古のものとされ、国の重要文化財に指定されている。

また、この塔の脇に小振りの宝篋印塔があるが、これは尼将軍・北条政子の供養塔といわれている。

境内には昭和初期に札所めぐり巡礼者をもてなすために植えられたツツジがゴールデンウィーク前後に満開となり、今や鎌倉随一のツツジの名所として知られる。

山門をくぐり左手にそびえる、マキの大木は鎌倉市の天然記念物に指定されている。

▶ここへの行き方 [MAP P11]

JR横須賀線鎌倉駅東口から緑ヶ丘行きまたは新逗子駅行きバス5分、名越下車、北西方向へ徒歩約5分

住所 ● 鎌倉市大町3-1-22
電話 ● 0467-22-0806
拝観 ● 8:00～16:30
料金 ● 100円
宗派 ● 浄土宗
開山 ● 良弁尊観
開基 ● 北条政子
創建 ● 嘉禄元年(1225)

● 仏像と文化財

田代寺から移された観音堂の本尊千手観音菩薩像は、北条政子が良縁を祈ってめでたく頼朝と結ばれたと伝わる。坂東三十三観音の第三番札所でもある。

本堂には安養院の本尊・阿弥陀如来と北条政子像が安置されている。山門左脇の小堂には石造の地蔵菩薩像が安置されている。決めた日数内に願い事を叶えてくれると言い伝えられ、日限地蔵の名で親しまれている。

境内を彩る花

ツツジで有名な安養院だが、ツツジ以外の花も多い。2月のスイセン、4月のエビネ、ヤマシャクヤク、10月のツワブキと四季の花が目を楽しませてくれる。

◀本堂の裏手には北条政子の墓と伝わる小さな石塔が建つ

▲境内に聳えるマキは鎌倉市の天然記念物に指定されている

▲千手観音菩薩立像。木造・像高約174cm。江戸時代。阿弥陀如来とともに本尊とされる。もと頼朝近臣・田代信綱の守り本尊を胎内に収める。

17

16

① 仏像名
その寺社を代表する仏像・神像を記しています。仏像・神像を所有しない場合は、史跡として、その寺社で見るべきものを記しています。また、仏像・神像は寺社の都合で拝観不可のものがあります。

② 社寺名
寺院は基本的に山号と寺号を記しています。神社は神社名のみを記しています。

③ 社寺説明
その社寺のいわれや歴史を記しています。基本的には寺伝や社伝に基づいた記事を記してありますが、本書は学術書ではありませんので、筆者の私観が入っている場合があります。

④ 仏像や文化財／伝説・その他
その寺社に伝わる仏像や文化財、伝説などを記しています。拝観の折に役立てるようエピソード的なものも記しています。

⑤ 境内を彩る花
寺社を彩る花を訪ねるのは、鎌倉の寺社めぐりの大きな魅力のひとつです。その寺社の代表的な花を記しています。開花時期などはその年で異なりますので、お出かけ前にご確認下さい。

⑥ データ
アクセス・住所・電話・拝観時間などのデータは、2021年10月現在のものです。いずれも予告なく変更される場合があります。

# 鎌倉までの行き方

## ❖ 東京から鉄道で

【鎌倉駅へ】
東京駅―（JR 横須賀線）→鎌倉駅　56 分 [935 円]
新宿駅―（JR 湘南新宿ライン）→鎌倉駅　1 時間 [935 円]

【北鎌倉駅へ】
東京駅―（JR 横須賀線）→北鎌倉駅　53 分 [814 円]
新宿駅―（JR 湘南新宿ライン）→北鎌倉駅　57 分 [935 円]

【江ノ島へ】
東京駅―（JR 横須賀線）→鎌倉駅―（江ノ電）→江ノ島駅　1 時間 15 分 [1210 円]
東京駅―（JR 東海道本線）→大船駅―（湘南モノレール）→湘南江の島駅　1 時間 [1134 円]
新宿駅→片瀬江ノ島駅　1 時間 10 分 [639 円]
※ JR 横須賀線と JR 湘南新宿ラインには全てグリーン車（自由席）を連結、車内でグリーン券を購入すると割高なので事前に購入しておきたい。小田急電鉄特急えのしま号は全車指定席。横須賀線の東京駅ホームは地下。小田急と江ノ電の乗り換えは藤沢駅が便利

## ❖ 東京から車で

【鎌倉へ】
①霞が関入口―（首都高速・横浜横須賀道路）→朝比奈 IC →（県道 204 号）→鎌倉駅　約 1 時間 25 分 [2720 円]

②霞が関入口―（首都高速）→用賀出口→（環状 8 号）→玉川 IC―（第三京浜道路・横浜新道・横浜横須賀道路）→朝比奈 IC →（県道 204 号）→鎌倉駅　約 1 時間 25 分 [2630 円]

【江ノ島へ】
①霞が関入口―（首都高速・横浜新道）→横浜新道終点―（国道1号・467 号）→江ノ島大橋　約 1 時間 40 分 [1710 円]

②霞が関入口―（首都高速・横浜横須賀道路）→朝比奈 IC―（県道 204 号・国道 134 号線）→江ノ島大橋　約 1 時間 50 分 [2630 円]

## ❖ 羽田空港から高速バスで藤沢・大船へ

羽田空港国際線ターミナル―羽田空港第 2 ターミナル→羽田空港第1ターミナル―（湘南京急バス・江ノ電バス）―大船駅東口―藤沢駅南口　大船駅は約 1 時間～ 1 時間 10 分 [1270 円]、藤沢駅は約1時間20 分～1 時間30 分[1400 円]

## ❖ 首都圏各地から鎌倉へ

【八王子から】
**電車**：八王子駅―（JR 横浜線）→東神奈川駅―（JR 京浜東北線）→横浜駅―(JR 横須賀線)→鎌倉駅　1 時間 25 分[990 円]
※ JR 横浜線の電車は一部 JR 京浜東北線に直通運転

**車**：八王子―（国道 16 号・246 号・467 号・県道 32 号）→鎌倉駅　約 2 時間 [0 円]

【千葉から】
**電車**:千葉駅―（JR 総武線快速）→東京駅―（JR 横須賀線）→鎌倉駅　1 時間 40 分 [1606 円]
※ JR 総武線快速電車は一部をのぞき JR 横須賀線に直通運転

**車**：穴川 IC―（京葉道路・首都高速・横浜横須賀道路）→朝比奈 IC（県道 204 号）→鎌倉駅　約 1 時間30分[2340 円]

【さいたまから】
**電車**：大宮駅―（JR 湘南新宿ライン横須賀線直通）→鎌倉駅 1 時間 30 分 [1441 円]

**車**:新都心西入口―（首都高速･外環道）→大泉 IC（環状八号）→玉川 IC―（第三京浜道路・横浜新道・横浜横須賀道路）→朝比奈 IC →（県道 204 号）→鎌倉駅　約 2 時間[2630 円]

## ❖ 名古屋から鎌倉へ

**電車**：名古屋駅―（JR 東海道新幹線のぞみ号）→新横浜駅―（JR 横浜線）→東神奈川駅―（JR 京浜東北線）→横浜駅―（JR 横須賀線）→鎌倉駅　2 時間 20 分 [10560 円]
※ JR 横浜線の電車は一部 JR 京浜東北線に直通運転

**車**：名古屋 IC―（東名高速）→朝比奈 IC―（国道 129 号・134 号）→鎌倉駅　約 3 時間 20 分 [7460 円]

## ❖ 大阪から鎌倉へ

**電車**：新大阪駅―（JR 東海道新幹線のぞみ号）→新横浜駅―(JR 横浜線）→東神奈川駅―(京浜東北線）→横浜駅―(JR 横須賀線）→鎌倉駅　3 時間 10 分 [13870 円]
※ JR 横浜線の電車は一部 JR 京浜東北線に直通運転

**車**：吹田 IC―（名神高速・東名高速）→朝比奈 IC―（国道 129 号・134 号）→鎌倉駅　約 5 時間 [11070 円]

※所要時間は目安、鉄道運賃は IC 優先料金、高速料金は通常料金です。いずれも、予告なく変更される場合や交通状況で変わる場合がありますので、参考としてご覧ください。

### 鎌倉・江ノ島のお得なきっぷ

①のりおりくん（江ノ電 1 日乗り放題）
江ノ電全線 1 日乗車券＋特典対象施設割引　650 円
江ノ電全駅で発売

②江の島・鎌倉フリーパス
フリー区間は、江ノ電全線、小田急（藤沢～片瀬江ノ島)。特急は特急券が必要、観光施設などの割引特典付。660 円。

③鎌倉フリー循環手形（A）頼朝きっぷ
フリー区間は、江ノ電（鎌倉～長谷)、江ノ電バス（鎌倉駅東口～北鎌倉・大仏前・大塔宮・浄明寺・名越)。600 円。

鎌倉《かまくら》 エリア 1

仏像と史跡を愉しむ

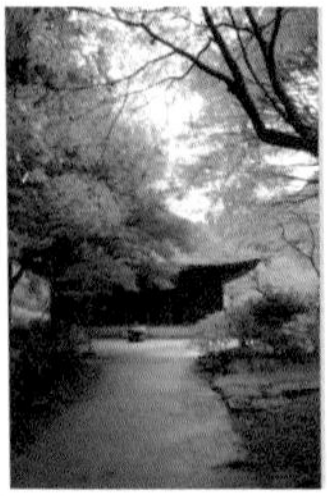

## 鎌倉駅東口と金沢街道沿いに点在する古寺社を訪ねる

# 鎌倉駅東口 金沢街道南側

鎌倉の東側を東西に走り、鎌倉と金沢を結ぶ金沢街道は、かつて「塩の道」とも呼ばれた交通の要路だった。街道の周辺には鎌倉最古の寺とされる杉本寺、鎌倉五山のひとつ浄妙寺、竹の寺として有名な報国寺など魅力的な寺が点在している。また、鎌倉駅東口には鶴岡八幡宮や宝戎寺、本覚寺、妙本寺など名社・名刹が連なる。

【このエリアの代表的な仏像】

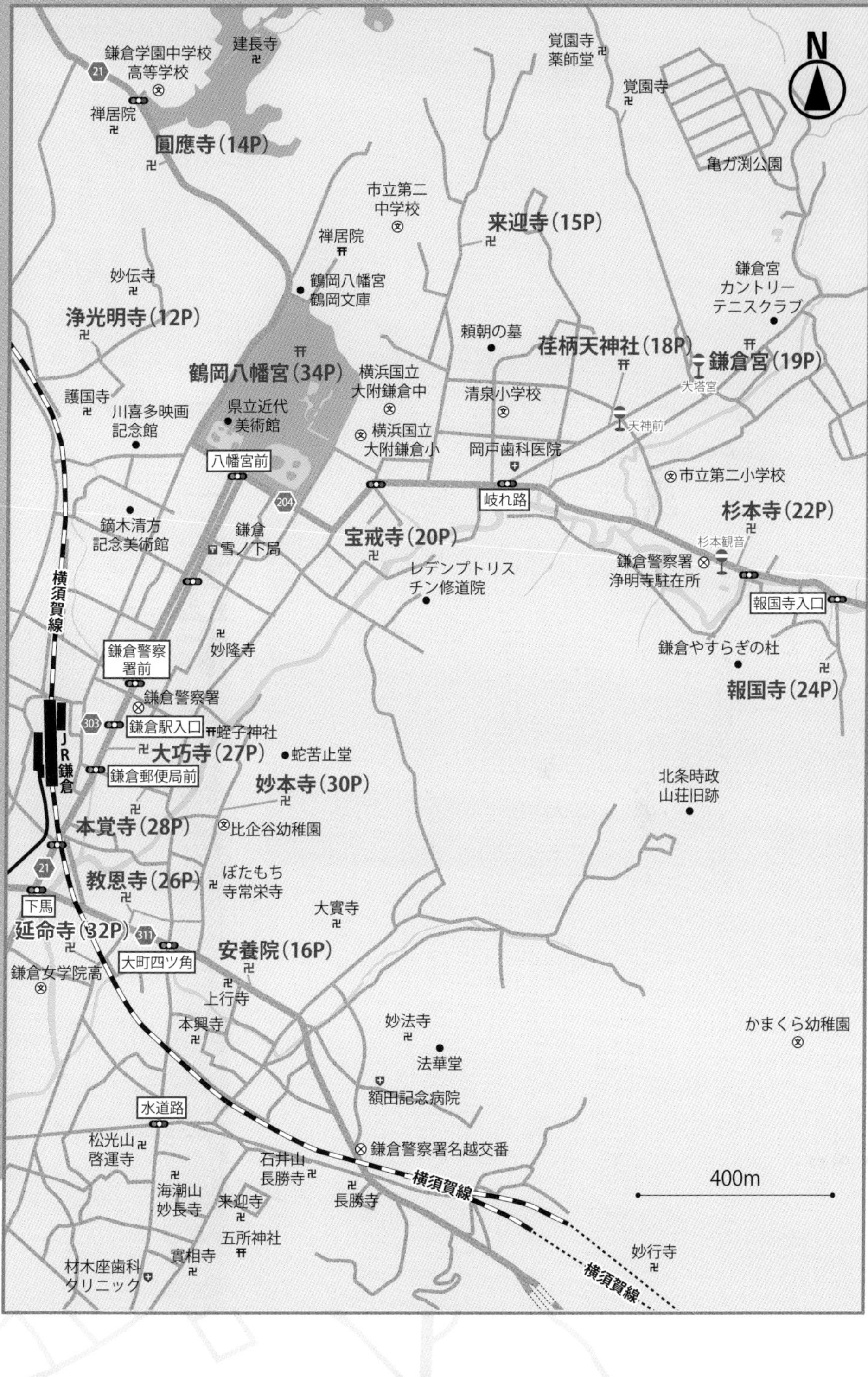
N
鎌倉学園中学校
高等学校
21
禅居院
建長寺
圓應寺（14P）
覚園寺
薬師堂
覚園寺
亀ガ渕公園
市立第二
中学校
禅居院
来迎寺（15P）
妙伝寺
鶴岡八幡宮
鶴岡文庫
浄光明寺（12P）
鎌倉宮
カントリー
テニスクラブ
頼朝の墓
荏柄天神社（18P）
鎌倉宮（19P）
大塔宮
鶴岡八幡宮（34P）
横浜国立
大附鎌倉中
清泉小学校
護国寺
川喜多映画
記念館
県立近代
美術館
天神前
横浜国立
大附鎌倉小
岡戸歯科医院
八幡宮前
市立第二小学校
204
岐れ路
杉本寺（22P）
鏑木清方
記念美術館
鎌倉
雪ノ下局
宝戒寺（20P）
杉本観音
鎌倉警察署
浄明寺駐在所
レデンプトリス
チン修道院
報国寺入口
横須賀線
妙隆寺
鎌倉やすらぎの杜
鎌倉警察
署前
報国寺（24P）
鎌倉警察署
303
鎌倉駅入口
蛭子神社
JR鎌倉
大巧寺（27P）
蛇苦止堂
北条時政
山荘旧跡
鎌倉郵便局前
妙本寺（30P）
本覚寺（28P）
比企谷幼稚園
21
ぼたもち
寺常栄寺
教恩寺（26P）
下馬
大寳寺
延命寺（32P）
311
安養院（16P）
大町四ツ角
鎌倉女学院高
上行寺
本興寺
妙法寺
法華堂
かまくら幼稚園
額田記念病院
水道路
松光山
啓運寺
鎌倉警察署名越交番
石井山
長勝寺
400m
横須賀線
海潮山
妙長寺
来迎寺
長勝寺
五所神社
妙行寺
實相寺
横須賀線
材木座歯科
クリニック

【鎌倉駅東口・金沢街道南側】

その① **仏像** 阿弥陀三尊像・地蔵菩薩立像

# 泉谷山《せんこくざん》 浄光明寺《じょうこうみょうじ》

## 足利尊氏が蟄居した鎌倉公方の菩提寺

▲阿弥陀堂への参道は初秋の時期、萩の花に彩られる

▶ここへの行き方［MAP P11］

JR横須賀線鎌倉駅東口から小町通りを鶴岡八幡宮方面へ、川喜多映画記念館を左折、踏切前の小川沿いの小道を右折直進、突きあたりを右折、徒歩約15分

| | |
|---|---|
| 住所 | 鎌倉市扇ガ谷2-12-1 |
| 電話 | 0467-22-1359 |
| 拝観 | 10:00～12:00／13:00～16:00<br>阿弥陀堂は木・土・日・祝(雨天休)の10:00～12:00 |
| 料金 | 志納<br>(阿弥陀三尊拝観200円) |
| 宗派 | 真言宗泉涌寺派 |
| 開山 | 真阿 |
| 開基 | 北条長時 |
| 創建 | 建長3年(1251) |

寺伝によると建長三年（一二五一）、鎌倉幕府六代執権北条長時が創建、開山は真聖国師《しんしょうこくし》と称される真阿である。長時は、文永元年（一二六四）、三十六歳で死去し、浄光明寺に葬られた。

開山時より諸宗兼学の寺で、三世の高恵（智庵和上）の時代には後醍醐天皇から上総国山辺郡と相模国波多野荘の寺領を寄進されており、後醍醐天皇の皇子・成良《なりなが》親王が鎌倉に下向した際に祈願所となった。

浄光明寺は、中世を通じて足利氏と鎌倉公方と関係が深かった。足利尊氏および弟の直義《ただよし》は、相模国金目郷などの寺領を寄進、直義は仏舎利を寄進している。

尊氏は、建武二年（一三三五）、北条氏の残党が蜂起した中先代の乱を鎮圧。しかし、三ヶ月たっても帰京しなかったため後醍醐天皇は謀反ありとして追討の命を下した。この時、尊氏は天皇への恭順の意を示すため浄光明寺に謹慎した。

しかし、京都からの軍勢を食い止めている直義の劣勢を聞き「直義が死すれば我が命があっても無益なり」といって、出陣を決意することになる。

室町時代に入ると鎌倉公方の足利満兼が父と祖父の遺骨を分けて浄光明寺に納骨し、以降、鎌倉公方の菩提寺となった。

往時には多くの塔頭があったが、鎌倉公方の衰微とともに衰え、幕末には足利直義が護良《もりよし》親王の霊を慰めるために建立した慈恩院を残すのみであった。矢拾い地蔵はこの慈恩院に伝わったものという。

**□ 仏像と文化財**

本尊の阿弥陀三尊像はより人間的な写実性を求めた表現を特徴とする宋朝美術の強い影響が見られる鎌倉を代表する名像のひとつ。

また地蔵菩薩立像は足利直義の守り本尊で、戦中に矢が尽きた直義に代わり矢を拾い集めた伝説から矢拾い地蔵と呼ばれる。

**□ 伝説・その他**

境内の背後の山腹のやぐらには由比ヶ浜の漁師の網にかかって引き上げられたという伝説をもつ網引き地蔵や藤原定家の孫・冷泉為相の墓がある。

為相の母は『十六夜日記』の著者である阿仏尼で、その墓は浄光明寺の西方、横須賀線の線路を隔てた場所にある。

▲門をくぐるとすぐ左手に楊貴妃観音像を祀る

◀地蔵菩薩立像。木造・像高約74㎝、鎌倉時代作。足利直義が護良親王の鎮魂のために建立した慈恩院の本尊だった。

▲境内背後の山上には冷泉為相の墓や網引地蔵などがある

【鎌倉駅東口・金沢街道南側】

その② 仏像

閻魔王坐像・初江王像

# 新居山《あらいざん》 圓應寺《えんのうじ》

## 本尊は仏師・運慶が刻んだ笑い閻魔と称される閻魔様

由比ヶ浜に注ぐ滑川の河口近くにあった新居閻魔堂が起源といわれる。元禄十六年（一七〇三）の元禄大地震による津波で倒壊したために現在地に移転した。

閻魔堂の堂内には本尊の閻魔王坐像の他、鎌倉時代に流行した十王思想に基づく十王像が安置され十王堂とも呼ばれている。

毎年八月十六日には閻魔縁日が行われる。鎌倉の盆は圓應寺の縁日で終わるされる。

▲門前の「閻魔堂」の石碑が新居閻魔堂の起源を今に伝える

▲閻魔王坐像。木造・像高約190.5cm、子どもを救ったとの伝説がある。笑っているような表情から「笑い閻魔」とも呼ばれる

### □ 伝説・その他

笑い閻魔の愛称で親しまれる本尊の閻魔王坐像は鎌倉時代の仏師・運慶の作といわれ国の重要文化財に指定されている。

運慶が晩年瀕死の状態になった時、冥界で閻魔大王に会い「娑婆の人々に私の姿を彫り示すのであれば地上に戻してやろう」と告げられ、生き返った喜びから笑いながら閻魔王の顔を彫りあげたという。

▶ここへの行き方 [MAP P11]

JR横須賀線鎌倉駅東口から若宮大路を鶴岡八幡方面へ、さらに近代美術館別館を左手に見ながら鎌倉街道を北へ進み、徒歩約17分

住所 ● 鎌倉市山ノ内1543

電話 ● 0467-25-1095

拝観 ● 9:00 ～ 16:00（冬季は～ 15:30）

料金 ● 200円

宗派 ● 臨済宗建長寺派

開山 ● 桑田道海

開基 ● ー

創建 ● 建長2年（1250）

▼秋の一時期、本堂を覆うようにキンモクセイの大木が芳香を漂わせる

【鎌倉駅東口・金沢街道南側】

その③ 仏像

如意輪観音半跏像

# 満光山《まんこうさん》 来迎寺《らいごうじ》

## 人気の如意輪観音が妖艶に微笑む

▲本堂には、本尊・阿弥陀如来像を安置。鎌倉三十三観音霊場の第五番札所でもある

▲如意輪観音半迦像。木造・像高約97.5cm、南北朝作。温和な表情と美しい姿が特徴。粘土で装飾を施す「土紋」の技法を用いる

▲西御門の閑静な住宅街のはずれに本堂に続く石段がある

鶴岡八幡宮の北東、西御門の八雲神社の隣にあり、時宗《じしゅう》の総本山である藤沢の遊行寺、正式名称清浄光寺を本山として、鎌倉時代に建てられたものと見られているが、沿革や由来の詳細はよくわかっていない。また、同名の寺が材木座にもあるが、同じ時宗であるだけで、両寺の関係についても、不詳である。

石段の下には、廃寺となった鎌倉尼五山第一位の太平寺の跡に石碑が残されている。鎌倉三十三ヶ所観音霊場第五番となっており、安産、子育てや婦人病などにご利益がある。

**□ 仏像と文化財**

寺宝の木造如意輪観音は、源頼朝の持仏堂・法華堂の本尊であったと伝えられる半跏の姿の像。正徳2年(1712)の作とされ、端正な顔立ちで、妖艶さをも感じられる。

本堂の中央に安置されていて、安産のご利益があるとして崇敬を集めている。その左側に地蔵菩薩像があり、もとは近くにあった報恩寺の本尊で、元中元年(1384)作という。

▶ここへの行き方［MAP P11］

JR横須賀線鎌倉駅東口からバス大塔宮行き・鎌倉ハイランド循環で5分、大学前下車北へ坂道を上り徒歩約10分

| | |
|---|---|
| 住所 | 鎌倉市西御門1-11-1 |
| 電話 | 0467-24-3476 |
| 拝観 | 9:00 ～ 16:00 |
| 料金 | 本堂拝観200円 |
| 宗派 | 時宗 |
| 開山 | 一向 |
| 開基 | 一遍 |
| 創建 | 不詳 |

【鎌倉駅東口・金沢街道南側】

その④ 仏像

阿弥陀如来坐像・千手観音菩薩像

# 祇園山《ぎおんざん》 安養院《あんよういん》

## 田代観音で親しまれる 尼将軍北条政子創建の寺

▲本堂には本尊・阿弥陀如来と北条政子像、田代観音が祀られている

源頼朝の菩提を弔うために嘉禄元年(一二二五)に正室の北条政子が建てた長楽寺が前身と伝わる。長楽寺は現在の鎌倉文学館のある笹目の長楽寺ヶ谷にあった真言律宗の寺院であった。

鎌倉末期になり浄土宗の善導寺があった現在の地に移され、この頃から寺名を政子の法名「安養院如実妙観大禅定尼」から安養院と改めたといわれる。

時代が下り江戸時代の延宝八年(一六八〇)に町屋の失火から全焼したが、再建時に比企ヶ谷にあった田代寺が安養院に統合された。

田代寺は建久三年(一一九二)に、頼朝の御家人・田代信綱により創建された寺院で、千手観音を祀る観音堂が移築され、以来、田代観音堂とも呼ばれるようになった。

本堂の裏手には、善導寺開山の尊観の墓といわれる宝篋印塔がある。徳治三年(一三〇八)の銘がある巨大な石塔で、鎌倉に

▶ここへの行き方［MAP P11］

JR横須賀線鎌倉駅東口から緑ヶ丘行きまたは新逗子駅行きバス5分、名越下車、北西方向へ徒歩約5分

| | |
|---|---|
| 住所 | 鎌倉市大町3-1-22 |
| 電話 | 0467-22-0806 |
| 拝観 | 8:00 ～ 16:30 |
| 料金 | 100円 |
| 宗派 | 浄土宗 |
| 開山 | 良弁尊観 |
| 開基 | 北条政子 |
| 創建 | 嘉禄元年(1225) |

存在する石塔の中では最古のものとされ、国の重要文化財に指定されている。

また、この塔の脇に小振りの宝篋印塔があるが、これは尼将軍・北条政子の供養塔といわれている。

境内には昭和初期に札所めぐり巡礼者をもてなすために植えられたツツジがゴールデンウィーク前後に満開となり、今や鎌倉随一のツツジの名所として知られる。

山門をくぐり左手に聳える、マキの大木は鎌倉市の天然記念物に指定されている。

### □ 仏像と文化財

観音堂の本尊千手観音菩薩像は、北条政子が良縁を祈ってめでたく頼朝と結ばれたと伝わる。坂東三十三観音の第三番札所でもある。

本堂には安養院の本尊・阿弥陀如来と北条政子像が安置されている。山門左脇の小堂には石造の地蔵菩薩像が安置されている。決めた日数内に願い事を叶えてくれると言い伝えられ、日限地蔵の名で親しまれている。

### 境内を彩る花

ツツジで有名な安養院だが、ツツジ以外の花も多い。2月のスイセン、4月のエビネ、ヤマシャクヤク、10月のツワブキと四季の花が目を楽しませてくれる。

◀本堂の裏手には北条政子の墓と伝わる小さな石塔が建つ

▲千手観音菩薩立像。木造・像高約174cm、江戸時代。阿弥陀如来とともに本尊とされる。もと頼朝近臣・田代信綱の守り本尊を胎内に収める。

▲境内に聳えるマキは鎌倉市の天然記念物に指定されている

その⑤

# 荏柄天神社《えがらてんじんしゃ》

神像　木造天神坐像

## 日本三古天神のひとつとされる神社

源頼朝の墓の東の山麓にある鎌倉最古級の神社。源頼朝が治承四年(一一八〇)、鎌倉幕府(大蔵幕府・頼朝公館)を開く際に、この神社を鬼門鎮守社とした。創建は頼朝が生まれるより四十三年も前の長治元年(一一〇四)の勧請とされている。

菅原道真公の霊を鎮め、雷神信仰の社であったが、その後、文学・学問の神として崇敬を集めるようになった。

▲樹齢900年とされる御神木の大銀杏

**□ 仏像・その他**

江戸中期の享保年間(1716～36)再建といわれる朱塗りの社殿が美しい。

本殿には菅原道真公を祀るとあって、木造天神坐像があり、重要文化財に指定されている。

また、境内には天神社らしく早春に美しい花を咲かすウメの木と、樹齢900年といわれるご神木の大イチョウが聳えている。

▲2月8日に行われる針供養。軟らかい豆腐に針を刺し普段の針の労をねぎらう

天神社にはウメの木が似合う

▲学問の神様・菅原道真を祭神とする三天神社のひとつに数えられる

▶ここへの行き方［MAP P11］

JR横須賀線鎌倉駅東口から大塔宮行きバス8分、天神前下車北へ徒歩約2分、つきあたりの階段を上る。

住所◉鎌倉市二階堂74

電話◉0467-25-1772

拝観◉8：30～16：30

料金◉無料

祭神◉菅原道真

草創◉長治元年(1104)

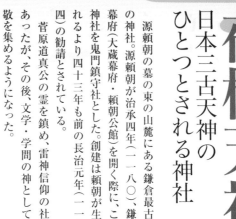

その⑥ 史跡 護良親王土牢

# 鎌倉宮《かまくらぐう》

## 悲劇の皇子、大塔宮・護良親王を祀る神社

◀元弘の乱で後醍醐天皇を助け勲功を上げた護良親王を祀る

非業の死を遂げた親王を祀る

▲秋が深まると悲劇の親王を慰めるように紅葉が境内を美しく染める

◀本殿前の拝殿。厄除け、魔除け、商売繁盛などを、武勇で知られる御祭神護良親王に祈願しよう

御祭神として、大塔宮・護良親王を祀る。

親王は、後醍醐天皇の皇子で、天皇が目指した理想のために活躍。遂に鎌倉幕府の打倒を果たしたが、足利尊氏により鎌倉二階堂に幽閉され、建武２年（１３３５）、２８歳でその波乱に満ちた生涯を閉じた。

鎌倉宮の創建は明治２年（１８６９）。親王への追慕の念が篤かった明治天皇が、自ら「鎌倉宮」の社号を定め創建し、永く親王の御霊を祀られ、官幣中社とした。

### □ 仏像・その他

白木造の社殿の後ろにある4メートル四方の岩窟が、護良親王が幽閉されていたと伝えられる土牢がある。しかし実際は座敷牢に幽閉されていたらしい。

左手には吉野で親王の身代わりを務めた村上義光を祀る村上社と、親王が幽閉中に世話をしたという南の方を祀る南方社が鎮座する。

親王の墓は宮内省管理の理智光寺跡と妙法寺にある。

▶ここへの行き方［MAP P11］

JR横須賀線鎌倉駅東口から大塔宮行きバス8分、終点下車すぐが入口

住所 ● 鎌倉市二階堂154

電話 ● 0467-22-0318

拝観 ● 9:30 ～ 16:30（12・1月16:00）入口閉門は30分前

料金 ● 宝物殿・土牢拝観300円

開基 ● 大塔宮護良親王

創建 ● 明治2年（1869）

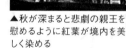

【鎌倉駅東口・金沢街道南側】

その⑦ 仏像

地蔵菩薩坐像・大聖歓喜双身天王像

# 金龍山《きんりゅうざん》釈満院円頓《しゃくまんいんえんとん》 宝戒寺《ほうかいじ》

## 後醍醐天皇が開いた北条氏慰霊の寺

▲シラハギの群生が境内を埋め尽くすハギの寺として有名

▶ここへの行き方［MAP P11］

JR横須賀線鎌倉駅東口から若宮大路を北へ、三の鳥居を東へ突き当たりまで徒歩約15分

| | |
|---|---|
| 住所 | 鎌倉市小町3-5-22 |
| 電話 | 0467-22-5512 |
| 拝観 | 9:30～16:00 |
| 料金 | 300円 |
| 宗派 | 天台宗 |
| 開山 | 後醍醐天皇 |
| 開基 | 円観恵鎮慈威 |
| 創建 | 建武2年(1335) |

元弘三年（一三三三）五月二二日、新田義貞に追いつめられた第十四代執権で、最後の得宗《とくそう》（北条家嫡流の当主）である北条高時は、敗残の将士一〇〇〇余騎をまとめて、菩提寺である東勝寺に立て籠もった。

しかし、敵わぬとみるや、重臣達と自刃、その後を追い三〇〇人近い近臣たちが次々に殉死した。さらに五〇〇人以上の武士たちも燃え盛る黒煙の中で刺し違えて死んでいった。ここに一四〇年続いた初めての武家政権・鎌倉幕府は滅亡した。

建武二年（一三三五）、後醍醐天皇は足利尊氏に命じて、北条義時以来の執権屋敷であった小町邸跡に、高時以下の北条氏の菩提を弔うため、東勝寺を移して建てさせた。そして、天台密教の道場として戒壇院を置いた。

本尊は国宝に指定される大振りな後背を背負った地蔵菩薩で本堂に安置される。尊像の前には「東勝寺戦没者諸精霊」「北条歴代執権尊霊」「日輪寺殿崇鑑大禅定門」（北条高時の戒名）の位牌が立つ。左右には梵天・帝釈天、その足下には十王像や奪衣婆《だつえば》といった冥府の尊神達を祀り、北条氏を慰霊する。

本堂右脇には、北条高時を祀る徳崇大権現堂がある。鳥居を伴った小堂で、堂内には高時像が祀られている。さらに隣接して聖徳太子を祀る太子堂が建つ。

鎌倉一のハギの寺として有名で、九月中旬には境内はシラハギの群生に埋め尽くされる。他にも早春のシダレウメ、春のシダレザクラ、夏のサルスベリ、秋のツバキと、鎌倉有数の花の寺でもある。

### □ 仏像と文化財

南北朝時代の秀作とされる国宝木造地蔵菩薩坐像は、本堂中央に安置されている本尊で、子育て経読地蔵とも称される。脇立の帝釈天像も重要文化財。大聖歓喜天堂には、重要文化財の秘仏である大聖歓喜双身天王像を安置する。

この他、1月の太子講の際に開扉される太子堂の聖徳太子像など、見るべきものが多い。

### □ 伝説・その他

宝戒寺に祀られる北条高時は、闘犬と田楽に耽っていた暗愚な執権のイメージが強い。しかし、最期は、武人らしく立派に自害したという。高時後の15代・16代執権は、金沢貞顕、赤橋守時と北条氏支流が継いだが、高時は最後まで幕府の最高権力者の座にあった。

◀境内を彩るシダレウメが春の訪れを告げる

▲地蔵菩薩坐像。木造・像高91cm、貞治4年（1365）、国重文。京の円派仏師憲円の作。左右に梵天・帝釈天を従え、高時をはじめ北条一門を慰霊する

▲1333年に滅亡した北条氏を供養する宝篋印塔

【鎌倉駅東口・金沢街道南側】

その⑧ 仏像 十一面観音菩薩像三体

# 大蔵山《だいぞうざん》 杉本寺《すぎもとでら》

## 霊験あらたかな三体の杉本観音で知られる観音霊場

▲急な階段が続く参道には賑やかなのぼりが立つ

奈良の東大寺大仏建立の指揮を執った行基《ぎょうき》が東国を旅していた時に大蔵山から見て「この地に観音様をおこう」と天平六年(七三四)に自ら刻んだ観音像を安置したのが創建の謂れという。

そして、聖武天皇の皇后・藤原光明子《こうみょうし》が夢の中に現われた観音菩薩から「財宝を寄付し、東国の地を治め、人々を救いなさい」と告げられ本堂を始めとする諸堂を建立したと伝わる。

薄暗い内陣にはいずれも秘仏とされる三体の本尊・十一面観音菩薩像が安置されている。前立ち本尊は運慶作で、源頼朝が寄進したといわれる。かつて門前の金沢街道を騎乗して通るものは必ず落馬したという言い伝えから、「下馬観音」とも呼ばれている。

平安時代の初めになって、第三代天台座主《てんだいざす》の慈覚大師円仁が中興開山となっており、鎌倉で最も古い歴史をもつ寺院とされる。中世に入ると建久二年(一一九一)に源頼朝が幕下

▶ここへの行き方 [MAP P11]

JR横須賀線鎌倉駅東口からハイランド循環または金沢八景駅行きバス10分、杉本観音下車北方向へ、徒歩約1分

| | |
|---|---|
| 住所 | 鎌倉市二階堂903 |
| 電話 | 0467-22-3463 |
| 拝観 | 9:00 ~ 15:00 |
| 料金 | 300円 |
| 宗派 | 天台宗 |
| 開山 | 光明皇后 |
| 開基 | 行基 |
| 創建 | 天平6年(734) |

を引き連れ参詣し修理料を奉加、その後も鎌倉将軍家に厚遇された。さらに、天正十九年（一五九一）には徳川家康も寺領の寄進を行っている。

杉本寺の裏山には中世に杉本城があった。杉本城は平安時代末期、三浦一帯を治めた三浦義明の長男杉本義宗によって築かれたとされる。

南北朝時代、朝夷奈切通しから鎌倉に入った北畠顕家によって攻められ落城、この時、杉本で防戦した斯波《しば》家長が杉本寺で自害している。本堂横の五輪塔群はこの戦いによる戦死者の供養塔とされる。

**□ 仏像と文化財**

本尊は三体の十一面観音菩薩像で、坂東三十三観音霊場の第一番札所とともに、鎌倉三十三観音霊場の第一番札所でもある。

本尊の内、一体は行基が自ら霊木に彫刻したと伝えられる。さらに、二体は慈覚大師円仁と恵心僧都源信作とされ、国の重要文化財に指定されている。

**□ 伝説・その他**

文治五年（1189）の火災の際、別当浄台坊が火中に飛び込み無事に本尊を救い出したことが『吾妻鏡』に記されているが、『杉本寺縁起』では三体の本尊が自ら杉の木の下に逃れ、このことから「杉本観音」と呼ばれるようになったともいう。

毎年8月10日の四萬六千日は多くの参詣者で賑わう。

◀頼朝寄進・運慶作のお前立ち本尊。十一面観音立像は、木造・像高153㎝、11世紀頃、伝行基作。他の伝円仁・恵心僧都作の2体とともに秘仏

▲運慶作と伝わる迫力ある仁王像が参詣者を睨み付ける

▲三体の本尊を祀る茅葺きの本堂

【鎌倉駅東口・金沢街道南側】

その⑨ 仏像 釈迦如来坐像

# 功臣山《こうしんざん》 報国寺《ほうこくじ》

## 永享の乱の悲劇を伝える竹の寺

▲本堂には釈迦如来坐像とともに川端康成愛用の小机が安置される

寺伝によると室町幕府初代将軍・足利尊氏の祖父で幕府の有力御家人であった足利家時の開基とされ、建武元年（1334）年の創建とされる。

また、南北朝時代の宅間上杉氏の祖・上杉重兼も当寺の創建に深く関わっているとの説も有力。重兼の曾祖父・上杉重房の女が家時の母であるため、家時と関係の深い上杉氏が、家時の供養として墓塔堂宇を守り、宅間上杉氏の始祖重兼の屋敷地を報国寺として発展させていったと考えられる。

開山の天岸慧広《てんがんえこう》は無学祖元について修行を行い中国に渡った僧。帰朝後に鎌倉の浄妙寺などに住し、休耕庵に退居、報国寺を開いた。

また、永享十年（一四三八）に起きた永享の乱の際、将軍足利義教に敵対した鎌倉公方足利持氏が翌年永安寺で自害すると、嫡男義久も報国寺の地で自害して果てた。

かつて報国寺は足利・上杉両氏の菩提寺と

▶ここへの行き方［MAP P11］

JR横須賀線鎌倉駅東口からハイランド循環または金沢八景駅行きバス10分、浄明寺下車、滑川を渡り南方向へ、徒歩約3分

| | |
|---|---|
| 住所 | 鎌倉市浄明寺2-7-4 |
| 電話 | 0467-22-0762 |
| 拝観 | 9:00 ～ 16:00 |
| 料金 | 境内自由（竹林拝観300円） |
| 宗派 | 臨済宗建長寺派 |
| 開山 | 天岸慧広（仏乗禅師） |
| 開基 | 足利家時 |
| 創建 | 建武元年（1334） |

して栄え、鎌倉五山・十刹に次ぐ寺格を与えられ、広大な寺域を有していた。その後も、小田原北条氏や江戸時代には三代将軍徳川家光の庇護を受けている。

本堂の裏には整備された孟宗竹の竹林があり、散策路がめぐらされている。休耕庵という茶席も設けられ静寂の中で抹茶を味わうことができる。

毎週日曜日の七時三十分より座禅会が開かれており、初心者にも丁寧に指導してくれると評判。希望者は派手な服装を避けて参加することをおすすめする。

### □ 仏像と文化財

本尊は南北朝期作の釈迦如来坐像で本堂に祀られている。本堂の右手に迦葉堂、左手に茅葺きの鐘楼がある。文化財を数多く有しているが、その多くは鎌倉国宝館に寄託されている。中でも開山・天岸慧広の詩集である紙本墨書『東帰集』は国の重要文化財に指定されている。

### □ 伝説・その他

寺域には孟宗竹の美林が整備され「竹庭の寺」として有名。竹林を縫うようにして散策路が巡らされ、石塔などが点在する。竹林の背後のやぐらには開基・足利家時の墓があり、また永享10年(1438)の永享の乱で敗死した四代鎌倉公方足利持氏の嫡男義久の墓もある。義久は父の死後、報国寺に入って10歳の若さで自刃した。

▲竹林背後のやぐらには足利家時・義久の墓がある

▲釈迦如来坐像。木造・像高50.6㎝、南北朝時代。頭頂の肉髻部は低めで、切れ長な両眼や衣を左右に垂らす像容から宋風の影響を感じられる

◀本堂の裏には美しく整備された孟宗竹の竹林が広がる

【鎌倉駅東口・金沢街道南側】

その⑩ 仏像 阿弥陀如来三尊像

# 中座山大聖院 教恩寺

ちゅうざさん だいしょういん きょうおんじ

## 平重衡が信仰した阿弥陀如来を本尊とする

もとは材木座の光明寺境内にあったが、その末寺であった善昌寺が廃寺になったため、永保六年(一六七八)、貴誉上人により、その跡地に移された。元来は、小田原北条氏三代の北条氏康が草創した寺と考えられている。

容姿端麗であったとされる平家の公達・平重衡《しげひら》ゆかりの寺ということで、女性参拝者が大勢訪れている。最近古銭が多数出土して注目された。

▲山門は簡素な造りだが欄干には十六羅漢の彫刻が施される

◀阿弥陀如来立像。木造・98・8㎝、鎌倉初期作。左に勢至・右に観音の両菩薩を従える。源頼朝が捕虜となった平重衡に授与した像とされる

### □ 伝説・その他

本尊の阿弥陀如来は県指定の重要文化財で、鎌倉時代前期の運慶の作とされるが、快慶作との説もある。源頼朝が鎌倉に護送された平重衡に平家一族の冥福を祈るように与えたとされ、重衡は篤く信仰したといわれている。

また、阿弥陀如来および両脇侍菩薩立像は寺宝で県指定重要文化財。脇侍は観音菩薩と勢至菩薩。

▶ここへの行き方［MAP P11］

JR横須賀線鎌倉駅東口から東へ、大巧寺をぬけ南へ、大町四つ角の手前を西へすぐで徒歩約10分

住所 ● 鎌倉市大町1-4-29

電話 ● 0467-22-4457

拝観 ● 10:00～15:00(雨天不可)

料金 ● 仏像拝観200円(要予約)

宗派 ● 時宗

開山 ● 知阿上人

開基 ● 北条氏康

創建 ● 永保6年(1678)

▼鎌倉の中心部にありながら境内には静寂が漂う

【鎌倉駅東口・金沢街道南側】

その⑪ 寺宝 曼荼羅二幅

# 長慶山《ちょうけいざん》 大巧寺《だいぎょうじ》

## 「おんめさま」と親しまれる安産祈願の寺

◀朱色の山門のそばにはムラサキシキブが花を咲かせる

ムラサキシキブの見ごろは10月はじめ

▲こじんまりした本堂、左側の裏門への通路には四季の花が植えられている

▲鎌倉駅東口に近い朱色の門

鎌倉駅東口にほど近い寺院。もとは大行寺として十二所の梶原屋敷内にあった。源頼朝が戦略を練ったことで、大勝したことから、大巧寺と改められた。

室町時代に住職であった日棟上人が、産婦の霊を鎮めて祀ったことから「うぶめさま」として安産祈願の寺となった。後に、いいやすいように転訛し「おんめさま」になったようである。

境内には、ムラサキシキブの他、アジサイ、ヒガンバナ、シュウメイギク、フヨウなどの花が咲く。

▶ここへの行き方［MAP P11］

JR横須賀線鎌倉駅東口から東へ、若宮大路を横断するとすぐ裏門で徒歩約3分

住所 ● 鎌倉市小町1-9-28

電話 ● 0467-22-0639

拝観 ● 9：00 〜 17：00

料金 ● 無料

宗派 ● 日蓮宗系単立

開山 ● 日橙

開基 ● ー

創建 ● ー

□ 伝説・その他

日棟上人の故事により、安産祈願の寺として信仰を集めている。

源頼朝の功臣・梶原氏の屋敷内にあった大行寺が前身。ここで頼朝が戦の作戦を練り、大勝したことで、現在の寺名に改められたという伝説が残る。

境内には産女霊神・福子霊神の墓石があり、寺宝として産女霊神神骨を収めたという水晶の五輪塔を格護する。

▲独特な屋根の形が印象的な夷堂は昭和56年(1981)の再建

【鎌倉駅東口・金沢街道南側】

その⑫ 仏像 釈迦如来坐像

# 妙厳山《みょうごんさん》 本覚寺《ほんがくじ》

## 七福神信仰でも知られる日蓮上人ゆかりの寺

かつて現在の山門がある場所の前には、夷堂と呼ばれる堂があったという。夷堂は、源頼朝が鎌倉幕府の開幕の際に、幕府の鬼門にあたる方向の鎮守として建てたとされる天台宗系の寺院であった。

寺伝によると文永十一年（一二七四）、配流先の佐渡から鎌倉に戻った日蓮が、甲斐の身延山《みのぶさん》に隠遁するまで、この夷堂に滞在していたという、日蓮宗にとっては由緒ある旧跡とされている。

夷堂は元弘三年（一三三三）の新田義貞による鎌倉攻めの際に焼失したが、その後、この伝説に基づいて開山の一乗日出《いちじょうにっしゅつ》が天台宗から日蓮宗に改めて本覚寺としたという。

第二世の日朝が身延山久遠寺の第十一世となった時、日蓮の遺骨を分納したので、俗に「東身延」とか「日朝様」と呼ばれている。

戦国時代には北条氏から保護され、さらに江戸時代には徳川家康から寺領の寄進を受

▶ここへの行き方［MAP P11］

JR横須賀線鎌倉駅東口から南へ鎌倉郵便局の先を東へ、徒歩約5分

| | |
|---|---|
| 住所 | 鎌倉市小町1-12-12 |
| 電話 | 0467-22-0490 |
| 拝観 | 境内自由 |
| 料金 | 無料 |
| 宗派 | 日蓮宗 |
| 開山 | 一乗日出 |
| 開基 | ― |
| 創建 | 永享8年(1436) |

けるなど有力武家から庇護された。

境内に建つ伽藍は近代になってからのものが多いが、山門(仁王門)は江戸時代の建立。本堂の右側には日蓮の分骨を祀る日蓮上人御分骨堂がある。

前身となった夷堂は明治の神仏分離令により近くの蛭子神社に移されたが、昭和五十六年(一九八一)になり新たに夷堂が再建された。仁王門をくぐると右側に建つ屋根の形が印象的な外観をもつ建物である。

一月一日から三日は初えびす、十日には本えびすが開かれ、福笹の授与がある。

### □ 仏像と文化財

本尊は南北朝期作の釈迦如来坐像及び両脇持。中尊仏の釈迦如来は宝冠を頂く宋風の作例で、現在は鎌倉国宝館に展示されている。

### □ 伝説・その他

本堂左手の墓地には、鎌倉に居住し名刀正宗を生んだ刀工の岡崎五郎正宗の墓と伝えられる宝篋印塔がある。

独特な屋根の形をした夷堂には鎌倉・江ノ島七福神のひとつ夷神が祀られ、正月三ヶ日の初えびすは商売繁盛を願い、福笹を求める人々で賑わう。

▲若宮大路に背を向けるように建つ本堂

▶正月三ヶ日の初えびすは商売繁盛を願う人々で賑わう

▲釈迦如来坐像。木造・像高105.7cm、南北朝時代。菩薩のように頭髪を高く結いあげた宝冠釈迦といわれる形式。文殊・普賢像を脇侍に従える

【鎌倉駅東口・金沢街道南側】

その⑬ 仏像 日蓮聖人祖師像

# 長興山《ちょうこうざん》 妙本寺《みょうほんじ》

## 比企一族の滅亡の地に建つ日蓮宗の重要寺院

▲二天門をくぐると慈比深い表情を浮かべた日蓮上人像がある

▶ここへの行き方［MAP P11］

JR横須賀線鎌倉駅東口から鎌倉警察署を経て小町大路を南方向に進み、滑川の夷堂橋を渡り、徒歩約10分

住所 ◉ 鎌倉市大町1-15-1

電話 ◉ 0467-22-0777

拝観 ◉ 境内自由

料金 ◉ 志納

宗派 ◉ 日蓮宗

開山 ◉ 日蓮

開基 ◉ 比企能本

創建 ◉ 文応元年（1260）

寺域は鎌倉幕府の有力御家人・比企能員《ひきよしがず》の屋敷があったところで、北条政子はこの地で鎌倉幕府二代将軍源頼家を出産した。後に比企氏と北条氏の間で頼家の後継者争いが起り、建仁三年（一二〇三）の比企の乱で比企一族はこの地で滅亡した。

比企能員は源頼朝の乳母・比企禅尼の甥で後に養子になった縁から頼家の乳母父となった。さらに娘の若狭局が頼家の側室となり嫡子一幡を産んだため、比企氏の権力増大を恐れた北条氏により滅ぼされた。能員は北条時政に謀殺され、比企一族は比企谷（現妙本寺の地）の屋敷で北条軍と戦い敗れ、若狭局は井戸に身を投げて自害、わずか六歳の一幡も戦火の中で殺された。

妙本寺は、比企の乱で生き延びた能員の末子・能本が許されて鎌倉に帰った後に一族の霊を慰めるために創建した。山号は父・能員の法名、寺号の妙本は母の法名である。

能本は儒学者として幕府に仕えたが、日蓮に帰依していたため、その邸宅を献呈し、妙本寺とした。

以降、武蔵の池上本門寺と並び日蓮宗の重要な拠点となった。戦国時代には古河公方、小田原北条氏、さらに徳川幕府の保護を受けた。

朱塗りの仁天門をくぐると正面に祖師堂がある。鎌倉最大級の木造建築で建長寺の仏殿と並び称される。堂内には池上本門寺、身延山久遠寺の像と一木三体と伝えられる日蓮聖人祖師像が安置されており、日蓮宗寺院としての寺格の高さを表わしている。

### □ 伝説・その他

二天門先の右手に一幡の袖を埋めたという袖塚が、その背後には比企一族の墓という苔むした宝塔四基が並ぶ。

また、境内の一画には若狭局を祀る蛇苦止堂と局が身を投げたという蛇形の井戸がある。

### 境内を彩る花

祖師堂の前にはカイドウの大木がある。このカイドウを中原中也とその恋仇であった小林秀雄が供に眺め、和解したことが小林の『中原中也の思い出』に記されている。境内は他にもサクラ、ノウゼンカズラ、ハゼなどの木々が多い。

▲境内の奥に建つ鎌倉最大級の木造建築の祖師堂

▲総門から杉木立の参道を進むと朱塗りの二天門に行きつく

▲日蓮上人の像が安置される祖師堂を彩る紅葉

▶祖師堂の右手には比企一族の墓と伝わる苔むした宝塔四基が並ぶ

▲花頭窓のついた本堂に本尊と運慶作と伝わる身代わり地蔵が安置されている

【鎌倉駅東口・金沢街道南側】

その⑭ 仏像 阿弥陀如来・地蔵菩薩立像

# 帰命山《きみょうざん》 延命寺《えんめいじ》

## 北条時頼夫人を助けた、身代わり地蔵の寺

鎌倉駅の真南、滑川畔に建つ浄土宗の寺院。鎌倉幕府の第五代執権で名執権とうたわれた北条時頼の夫人により創建されたと伝えられる。

本尊は室町時代の造立とされる阿弥陀如来像だが、本尊壇の向かって左側、障子の奥に通称「身代わり地蔵」と呼ばれる地蔵菩薩像が立っている。

この地蔵菩薩に関しては次のような逸話が残されている。それはある時、時頼夫人が双六《すごろく》の勝負をして、負けた方が裸になるという賭けをした。この勝負、時頼夫人の方が旗色が悪く、負けそうになった。夫人は心の中で日頃から信仰する地蔵菩薩を一心に念じた。すると、裸の地蔵菩薩が双六盤の上に現われ、夫人の身代わりとなり危機を救ったという。

それから、夫人は地蔵菩薩をいっそう信じるようになり、延命寺の地蔵菩薩像を造らせ

▶ここへの行き方［MAP P11］

JR横須賀線鎌倉駅東口から若宮大路を南へ、下馬交差点を東へすぐで徒歩約5分

住所 ● 鎌倉市材木座1-1-3

電話 ● 0467-22-5464

拝観 ● 境内自由（堂内要予約）

料金 ● 志納

宗派 ● 浄土宗

開山 ● 専連社昌誉能公

開基 ● ー

創建 ● 鎌倉時代

たとされる。この地蔵菩薩像が裸で、女性の姿をしているのはそのためであるという。

一説には、地蔵菩薩像は運慶作であるといわれ、さらに本尊阿弥陀如来像は、運慶が、圓應寺の閻魔大王像を刻んだ余りの木で造ったという言い伝えから「木余りの像」とも称される。

本堂の裏に古狸塚があり、江戸時代末に、この寺に住み着いた狸の墓との伝説がある。この狸、酒好きの和尚のために、酒を買いに行ったという温か味があるエピソードも残されている。

### □ 仏像と文化財

寺宝の地蔵菩薩立像は寄木造りで、身代わり地蔵、あるいは裸地蔵と呼ばれている。裸形像に法衣を着せて祀られている。

北条時頼夫人が、双六で負けそうになった時に双六盤の上に現れて、夫人を救ったという伝説から身代わり地蔵と呼ばれる。事前に予約しておけば拝観可能。

### □ 伝説・その他

江戸時代の終わり、人に慣れた狸が住みつき、里人に可愛がられていた。狸が死ぬと里人たちは碑を建てて供養したという。その碑が「古狸塚」である。

また、寺の西には「下馬の碑」が立つ。ここには下馬の標示があったといい、神聖な空間に入る手前の繁華な場所であったとされる。

▶ここで馬を下りる定めがあった。「下馬の碑」が寺の西に立つ。

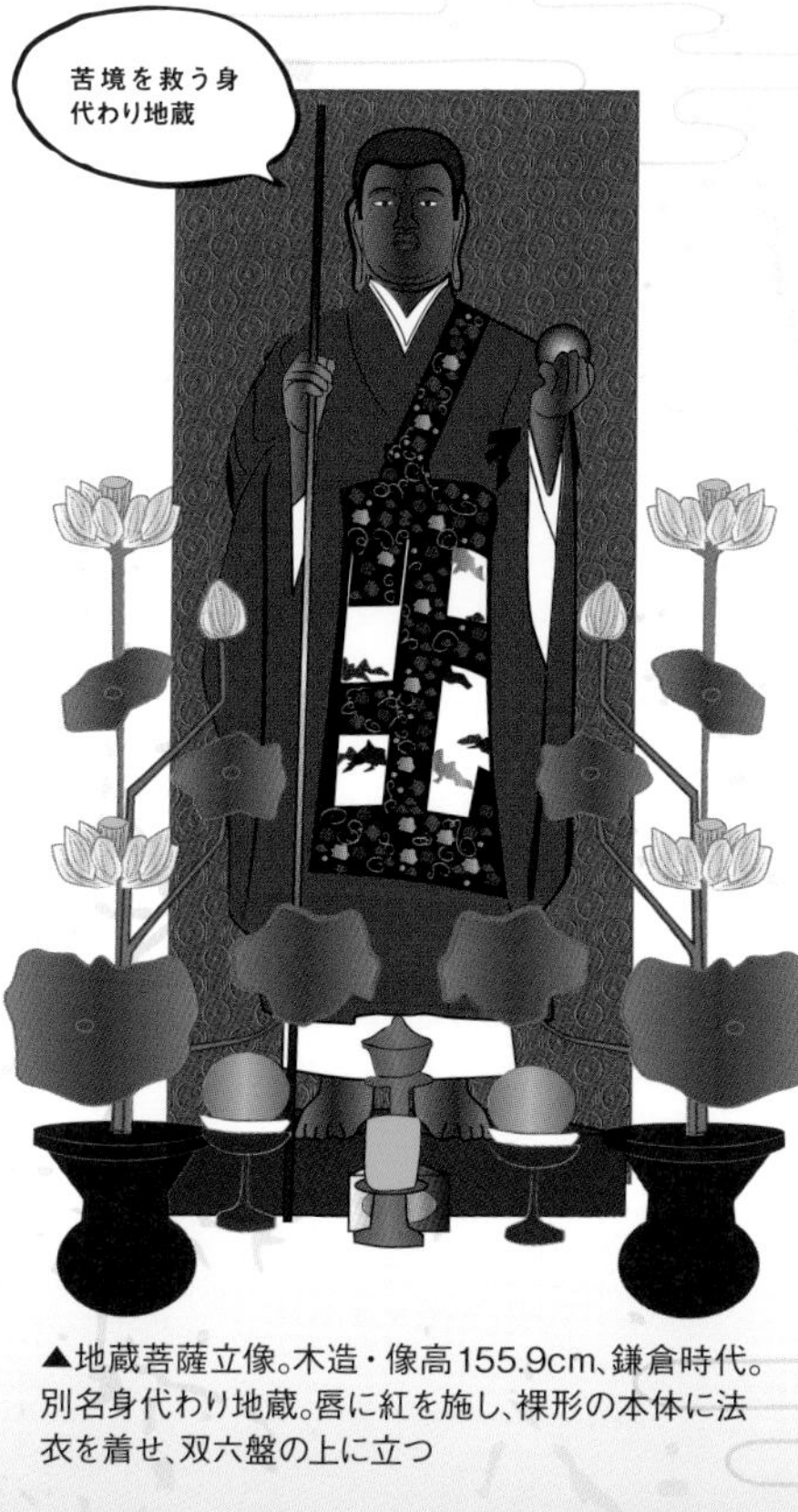


▲地蔵菩薩立像。木造・像高155.9cm、鎌倉時代。別名身代わり地蔵。唇に紅を施し、裸形の本体に法衣を着せ、双六盤の上に立つ

▶江戸時代の住職が可愛がっていた狸を供養した古狸塚がある

▲大石段を上ると八幡宮の中心となる上宮に入る

【鎌倉駅東口・金沢街道南側】

その⑮ 神像 木造弁財天坐像・木造住吉神倚像

# 鶴岡八幡宮《つるがおかはちまんぐう》

## 鎌倉の中心に鎮座する清和源氏の氏神

鎌倉の中心として存在してきた神社で、清和源氏の氏神として崇敬されてきた。大分県の宇佐神宮、京都府の石清水八幡宮《いわしみずはちまんぐう》とともに全国の八幡宮を代表する神社の一つである。

草創は康平六年（一〇六三）。鎮守府将軍・源頼義が奥州を平定（後三年の役）して鎌倉に帰った折り、京都の石清水八幡宮を由比ヶ浜辺に祀ったのが始まりという。

その後、源氏再興の旗上げをした源頼朝が、頼義が祀った由比ヶ浜辺の八幡宮を現在の地に遷し、建久二年（一一九一）に鎌倉幕府の宗社にふさわしく上下両宮の現在の姿に整えた。

鎌倉時代はもとより、室町時代以降も関東の総鎮守として、鎌倉公方、小田原の北条氏、豊臣秀吉、徳川家康と歴代の有力武家の精神の拠り所となった。

江戸時代までは神仏混合の神宮寺であったが明治維新の神仏分離令により、仏教関係

▶ここへの行き方［MAP P11］

JR横須賀線鎌倉駅東口から北方向、小町通りあるいは若宮大路を直進、徒歩約10分

| | |
|---|---|
| 住所 | 鎌倉市雪ノ下2-1-31 |
| 電話 | 0467-22-0315 |
| 拝観 | 境内自由 |
| 料金 | ー |
| 祭神 | 応神天皇・比売神・神功皇后 |
| 草創 | 源頼義 |
| 創建 | 康平6年（1063） |

の建築物が除かれ今見るかたちとなった。

御社殿は本宮（上宮）、若宮（下宮）、下拝殿（舞殿）など、さらに武内社や白旗神社など末社、今宮や由比若宮などの境内末社からなる。

現在の本宮は、文政十一年（一八二八）に江戸幕府十一代将軍徳川家斉の造営による代表的な江戸建築で、若宮とともに国の重要文化財に指定されている。御社殿は壮麗な朱色に装われ、深い杜の緑と見事に調和している。

また、境内の東側には鎌倉国宝館が建ち、鎌倉に伝わる貴重な絵画、彫刻、工芸、書跡、古文書など様々な文化財が保管・管理されている。

### □ 仏像と文化財

宝物として多くの国宝や重要文化財を所蔵するが、中でも太刀は武家の崇敬厚い神社だけに優れたものが多い。

国宝の沃懸地杏葉螺鈿太刀は衛符の太刀とも呼ばれ、鎌倉初期の武人が佩用する太刀の様式を今日に伝える。

### □ 伝説・その他

上宮に続く大石段の左側に樹齢1000年、高さ30メートルの大銀杏があったが、平成22年（2010）の強風により倒伏、高さ４メートルに切断移植された。

建保7年（1219）、３代将軍源実朝は右大臣拝賀式当日に、この大銀杏の近く石段のみぎりで２代将軍頼家の子・別当公暁により暗殺され、源氏の血脈は途絶えた。

▲サクラに彩られる北条政子の安産を祈願して造られた段葛

▲若宮廻廊跡に建つ舞殿。静御前が義経を慕いて舞った場所

▲強風で倒伏しても大銀杏は八幡宮の生き証人

▶頼朝の旗上げにちなむ旗上弁財天社は源平池の東の中島に鎮座する

仏像・史跡めぐりで、
鎌倉を訪れたら…

# 境内の花

四季折々の花たちとの出会いを求め人々は鎌倉に集う。境内を彩る明媚な花もよいけれど、その片隅にひっそりと咲く花たちも愛でたい。

コラム

# 鎌倉《かまくら ななきりとおし》「七切り通し」

**「切通し」とは、山や丘などを切り開いて通した道のことをいう。南に相模湾、そして東西北と三方を山に囲まれた鎌倉には、「鎌倉の七切通し」あるいは「鎌倉七口」と呼ばれる切通しがある。**

**この七つの切通しは鎌倉時代に敵の侵攻から武家の都・鎌倉を守る上で重要な拠点としての役割を果たした。**

▲鎌倉時代の雰囲気を残す朝比奈切通し

## （1）極楽寺切通し

極楽寺を開創した忍性が開いたと伝えられる。坂ノ下から腰越、片瀬へ延びて東海道に通じ、京都と鎌倉を繋ぐ重要な道であった。新田義貞の鎌倉攻めでは、義貞軍が侵入を図ったが、幕府軍の防備は固く、新田軍は退けられたと『太平記』に記されている。

## （2）大仏坂切通し

梶原、山崎から藤沢へと延びており、古くは深沢切通とも呼ばれた。「大仏坂の切通しは鎌倉の地質にして初めて作り得るといふべきしろもの、左右の絶壁数十間」と作家・国木田独歩は、明治三十五年頃の大仏坂切通しの様子をその著書『鎌倉の裏山』で述べている。

## （3）化粧坂

海蔵寺の手前から山に入り、葛原岡へと続く道。新田義貞は鎌倉攻めにあたり、三手にわけた軍勢の内、一軍をここに差しむけ幕府軍を破った。鎌倉時代、この一帯は刑場で、建武の新政前にここで処刑された後醍醐天皇の近臣・日野俊基を祀る葛原岡神社がある。

## （4）亀ケ谷坂

扇ケ谷と山ノ内を結ぶとともに、化粧坂同様、武蔵方面へ通じる。『吾妻鏡』によると三代執権北条泰時が仁治元年（一二四〇）に悪路だった山ノ内道を整備したと伝えている。余りの傾斜に登ろうとした亀達が皆ひっくり返ったために亀返坂とも呼ばれたという。

## （5）朝比奈切通し

鎌倉と六浦（横浜市金沢区）を結ぶ。交通・戦略上の重要な拠点として、また、東京湾を経て安房や上総などからの物資の集散地として鎌倉の生命線だった。和田義盛の子朝比奈義秀が一晩で開いたという伝説があり、鎌倉七口で最も古の雰囲気を伝えている。

## （6）巨福呂（小袋）坂

鶴岡八幡宮の裏参道から西の方角へ向かう。北条泰時が建長二年（一二五〇）に整備し、鎌倉と北鎌倉が結ばれた。十二基の庚申塔や道祖神などから江戸時代の末期に改修工事が行われたことがわかり、工事中の事故で命を落とした人々を供養する道造供養塔もある。

## （7）名越切通し

鎌倉から三浦へ通じる。文献の上で初めて「名越坂」の文字が確認されるのは『吾妻鏡』の天福元年（一二三三）のことで、鎌倉と三浦の境界をなした。現在は、鎌倉市と逗子市の境になっていて、名越トンネルの上に、かつての切通しの面影が残っている。

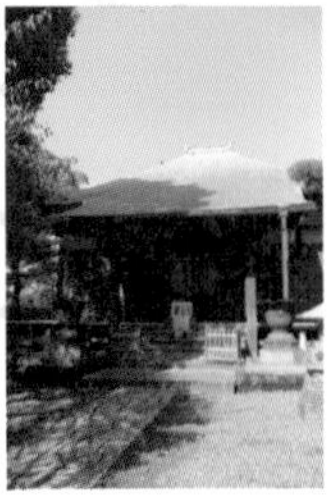

# 鎌倉《かまくら》 エリア2
## 仏像と史跡を愉しむ

## 二階堂と金沢街道沿いに点在する古寺社を訪ねる

# 二階堂 金沢街道北側

金沢街道の北側は、谷（やつ）などが残り、今も古来の鎌倉の雰囲気を色濃く残す土地。ここには鎌倉きっての花の寺として知られる瑞泉寺をはじめ、足利氏ゆかりの浄妙寺、蒙古襲来の際に異国降伏祈願の法要が行われたいう明王院、「塩の道」金沢街道にちなむ塩嘗地蔵の伝説が残る光触寺などが点在する。

【このエリアの代表的な仏像】

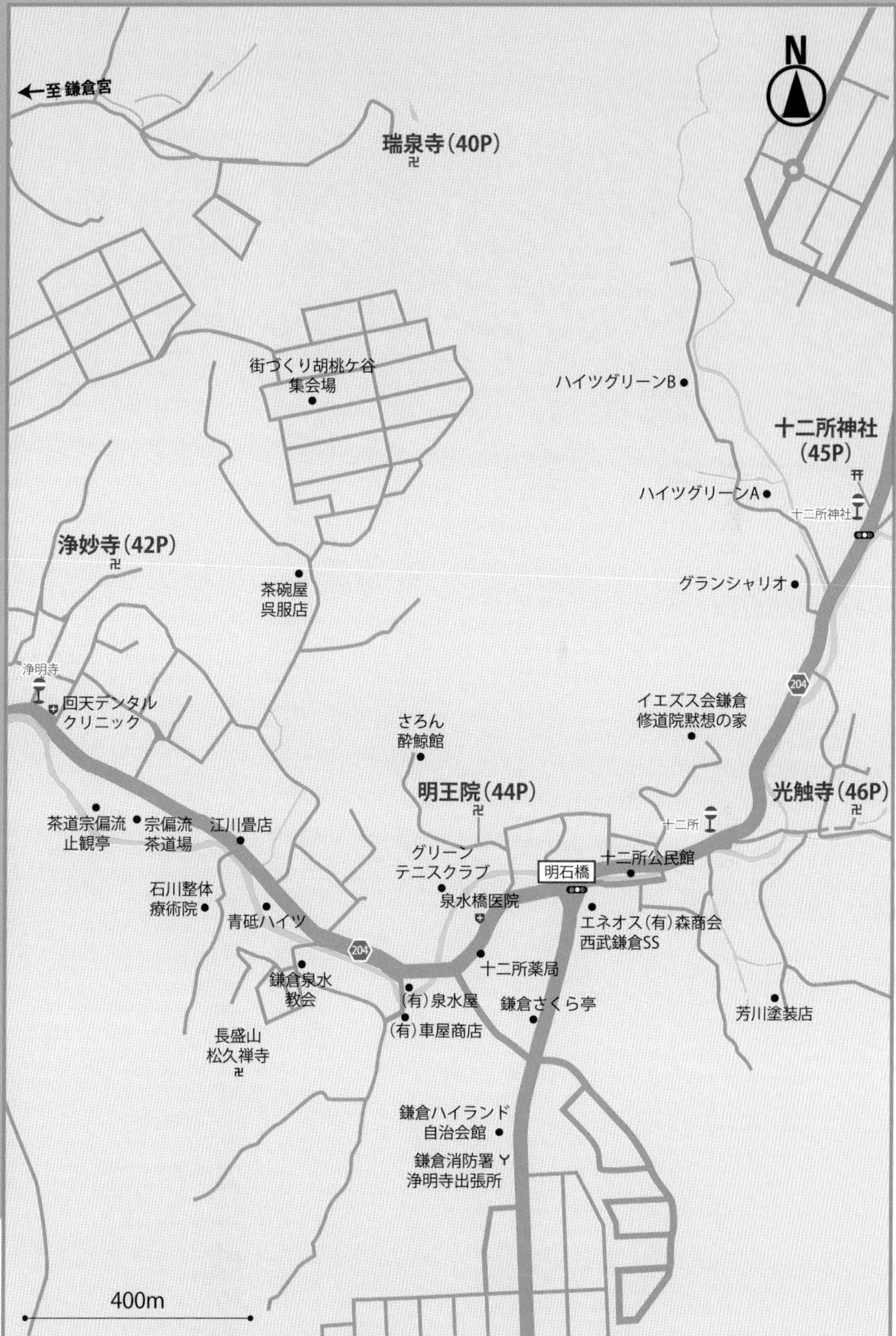

至 鎌倉宮
N
瑞泉寺(40P)
街づくり胡桃ケ谷
集会場
ハイツグリーンB
十二所神社
(45P)
ハイツグリーンA
十二所神社
浄妙寺(42P)
茶碗屋
呉服店
グランシャリオ
浄明寺
回天デンタル
クリニック
204
イエズス会鎌倉
修道院黙想の家
さろん
酔鯨館
明王院(44P)
光触寺(46P)
十二所
茶道宗偏流
止観亭
宗偏流
茶道場
江川畳店
グリーン
テニスクラブ
明石橋
十二所公民館
石川整体
療術院
青砥ハイツ
泉水橋医院
エネオス(有)森商会
西武鎌倉SS
204
十二所薬局
鎌倉泉水
教会
(有)泉水屋
鎌倉さくら亭
芳川塗装店
(有)車屋商店
長盛山
松久禅寺
鎌倉ハイランド
自治会館
鎌倉消防署
浄明寺出張所
400m

【二階堂・金沢街道北側】

その①　仏像　千手観音菩薩像・地蔵菩薩像

# 錦屏山《きんぺいざん》 瑞泉寺《ずいせんじ》

## 名作庭家・夢窓疎石作の庭園が残る花の寺

▲鎌倉随一の花の寺。開山堂の前庭も四季の花で彩られる

後醍醐天皇や足利尊氏の崇敬を集めた禅僧・夢窓疎石が鎌倉の諸寺の住持を歴任した後、嘉暦二年（一三二七）に瑞泉院を創建して移住したのが始まりという。

初代鎌倉公方の足利基氏が疎石に帰依して中興し、寺号を瑞泉寺と改めた。以後、鎌倉公方足利家の菩提寺となり、禅寺として鎌倉五山に次ぐ十刹の筆頭格の扱いを受けたが、永享の乱で衰亡した。

その後、時代が下り、江戸時代に入ると水戸藩主徳川光圀により再興され、千手観音菩薩像を寄進、鎌倉三十三観音霊場の第六番札所となった。

山号の錦屏山《きんぺいざん》は、瑞泉寺を囲む山々の紅葉が錦の屏風のように美しいことから名付けられた。また、緑濃い境内は、四季を通して様々な花を楽しむことができる。

本堂裏には作庭家としても名高い夢窓疎石作と伝わる庭園があり国の名勝に指定さ

▶ここへの行き方［MAP P39］

JR横須賀線鎌倉駅東口から大塔宮行きバス10分、終点下車、南方向に向かい、鎌倉宮境内沿いの小路を二階堂川沿いに徒歩約15分

| | |
|---|---|
| 住所 | 鎌倉市二階堂710 |
| 電話 | 0467-22-1191 |
| 拝観 | 9:00 ～ 17:00（受付～16:30） |
| 料金 | 200円 |
| 宗派 | 臨済宗円覚寺派 |
| 開山 | 夢窓疎石 |
| 開基 | ー |
| 創建 | 嘉暦2年（1327） |

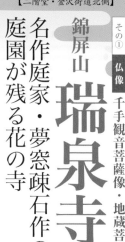

れている。岩盤を巧みに削り、天女洞、池、滝、中島などを備えた池泉式庭園で、長らく草木に埋もれていたが、昭和四十四年（一九六九）に発掘復元された。

庭園の岩盤に削られた十八曲りの石段の上には偏界一覧亭がある。疎石が建て、鎌倉五山の僧侶たちが詩会を催した旧跡で、遠く富士山も遠望できる景勝の地とされているが一般拝観者は立ち入り禁止となっている。

また、当寺には多くの文人が来訪し、数多くの文学作品が創作された。境内にはゆかりの文学遺跡や多くの文学碑がたつ。

### □ 仏像と文化財

本堂には水戸光圀寄進の千手観音菩薩像が祀られている。また、開山堂には南北朝期の頂相彫刻の秀作で国の重要文化財である夢窓疎石坐像がある。(非公開)地蔵堂に祀られる鎌倉時代の地蔵菩薩像は俗に「どこもく地蔵」と呼ばれている。地蔵堂を守る堂守が生活苦から逃げ出そうとしたところ地蔵が夢枕に現われ「苦しいのはどこも同じ」と諭したという。

### 境内を彩る花

瑞泉寺一帯は紅葉ヶ谷と呼ばれる谷戸に位置している。境内は季節ごとに様々な花で彩られ、ウメ、ツツジ、ボタン、マンサクなど、一年中花の絶えることがない。

▲国の名勝に指定される夢窓疎石作庭の池泉式庭園

▲千手観音坐像。木造・像高37・2㎝、銘文に元禄2年(1689)徳川光圀の寄進とある。着衣部分に緻密な切金の紋様が施されている

▲地蔵堂には鎌倉時代作の「どこもく地蔵」が安置される

【二階堂・金沢街道北側】

その②　仏像　釈迦如来像

# 稲荷山《とうかざん》　浄妙寺《じょうみょうじ》

## 本堂の銅葺きの大屋根が印象的な禅宗寺院

▲銅葺きの大屋根がかつての大寺の威容を示す本堂

▶ここへの行き方［MAP P39］

JR横須賀線鎌倉駅東口からハイランド循環行き、または金沢八景駅行きバス10分、浄明寺下車、北西方向に小路を徒歩約1分

住所◉鎌倉市浄妙寺3-8-31

電話◉0467-22-2818

拝観◉9:00～16:30

料金◉100円

宗派◉臨済宗建長寺派

開山◉退耕行勇

開基◉足利義兼

創建◉文治4年（1188）

鎌倉五山の第五位に列せられる禅宗寺院。文治四年（一一八八）、足利義兼が退耕行勇《たいこうぎょうゆう》を招き創建した。開基の足利義兼は源頼朝の正室北条政子の妹を妻とし、源氏一門として幕府から高い席次を与えられた有力御家人だった。

開山の退耕行勇は、頼朝・政子夫妻の帰依を受け、政子が出家する際にはその戒師を務めた僧である。創建当時は極楽寺と称し、禅密兼修の寺院であったが、正嘉元年（一二五七）蘭渓道隆《らんけいどうりゅう》の弟子・月峯了然が住持となり臨済宗に改宗した。

しかし、度重なる火災で十五世紀後半には著しく荒廃した。その後、小田原北条氏、徳川家康に寺領の寄進を受けた。

最盛期には二十三院の塔頭を有した寺院であったが、現在は全て廃絶し、境内には総門、本堂、開山堂、客殿、庫裏が建つのみ。堂々とした本堂の銅葺きの大屋根が往時の威容をわずかに偲ばせる。

本堂左手には古民家を移築した喜泉庵があり、枯山水の庭園を観賞しながら抹茶をいただける。

また、背後の山腹には洋館を改装したベーカリーレストラン・石窯ガーデンテラスがあり、美味しい手作りパンと鎌倉野菜を生かした料理が味わえる。

石窯ガーデンテラスのオープン時間は午前十時から午後五時まで。

さらに、石窯ガーデンテラスの辺りからは本堂の銅葺きの屋根や墓地、境内を経て、報国寺と衣張山を眺望できる。

**□ 仏像と文化財**

開山堂には開山の退耕行勇像が安置されている。南北朝期の優れた頂相彫刻で国の重要文化財に指定されているが非公開。

本堂裏手の墓地には、足利尊氏の父貞氏の墓と伝えられる宝篋印塔があり、明徳３年(1392)の銘が彫られている。

**□ 伝説・その他**

寺域の背後の稲荷山には、飛鳥時代に中臣(藤原)鎌足が鎌を埋めたとの伝承が残る。鎌足は鹿島神宮に詣でた際に鎌倉を訪れた中大兄皇子(後の天智天皇)と供に蘇我氏を滅ぼした大化の改新を断行した藤原氏の祖。これが「鎌倉」という地名の語源になったという説もある。

▲喜泉庵からは手入れの行き届いた枯山水の庭園が眺められる

▲釈迦如来坐像。木造・像高65cm、南北朝時代。首をやや前傾させ、拝する者に優しげな眼差しを向ける武家好みの像容

▶墓地には伝足利貞氏墓を中心に足利氏の石塔が並ぶ

その③ 仏像 不動明王像

# 飯盛山《いいもりさん》 明王院《みょうおういん》

## 元寇から日本を守った、五大明王を祀る

鎌倉幕府の鬼門に当たる十二所に鬼門除けの寺院として五大明王を祀る。開基は、四代将軍藤原頼経。鎌倉幕府の祈願寺として役割を担い、元寇の折には、異国降伏の法要が修されたという記録が残る。

五大明王とは、不動明王・大威徳明王・軍荼利明王・降三世明王・金剛夜叉明王からなる五体の明王の総称で、国難など特に強い祈願が必要な時に護摩法要を修することで、救済を叶えてくれる仏様とされる。

### □ 仏像と文化財

不動明王は、慶派の仏師作と伝わる。(国指定重要文化財)大威徳明王・軍荼利明王・降三世明王・金剛夜叉明王(江戸中期作)と合わせ、五大尊像と呼ばれる。

毎月28日が不動明王のご縁日で、13時より本堂で、誰もが参加できる護摩法要が執り行われる。国難も退けた御本尊に願いを叶えていただきたいとの人々で賑わう。

▲境内には四季おりおりの花が咲く

▲山門をくぐると五大明王を安置する五大堂と呼ばれる本堂がある

背後の山の緑がほっとする

▼茅葺屋根の堂宇へは毎月28日の護摩法要の日のみ入れる

▶ここへの行き方［MAP P39］

JR横須賀線鎌倉駅東口からバス、ハイランド循環・金沢八景駅行きで15分、泉水橋で下車し県道を東へ、次の橋を渡り北へ、徒歩約3分

住所 ◉ 鎌倉市十二所32

電話 ◉ 0467-25-0416

拝観 ◉ 境内自由

料金 ◉ 無料

宗派 ◉ 古義真言宗御室派

開山 ◉ 定豪

開基 ◉ 藤原頼経

創建 ◉ 嘉禎元年(1235)

【二階堂・金沢街道北側】

その④ 史跡 百貫石

# 十二所神社《じゅうにそじんじゃ》

## 金沢街道沿いにひっそり建つ古社

◀天神七柱・地神五柱を祀る十二社の鎮守社

▲鎌倉中期には前身となる堂があったと考えられる

▲銅板葺きの本殿。屋根には肘木の見事な彫刻が施されている

弘安元年（一二七八）、熊野十二所権現社として、熊野大社を勧請して創建された。五百メートルほど南側にある光触寺の鎮守社で、当時は熊野信仰が武士や庶民に広まりを見せた時期であった。

天保九年（一八三八）に、明王院の住持、明本恵法により、地元の住民らが協力して現在地に移された。このあたりの地名である十二所は、この神社に由来している。

ツツジ、ショウブ、ヒガンバナ、イチョウなど四季の花や木々が境内を彩る。

**□ 仏像と文化財**

石段を上がったところに小さな社殿があり、本殿と摂社がある。
鳥居下に百貫石と呼ばれる岩があり、かつては例大祭時に力比べが行われ、持ち上げたりかついだりしていた。実際の重さは28貫、キロ数でいえば120キロもある。現在も9月上旬の日曜日に例大祭が行われているが、この力比べの行事は残念ながら行われていない。

▶ここへの行き方［MAP P39］

**JR横須賀線鎌倉駅東口から金沢八景駅行きバスで20分、十二所神社下車北へ徒歩約1分西側**

住所 ● 鎌倉市十二所285

電話 ● なし

拝観 ● 境内自由

料金 ● 無料

祭神 ● 天神七神他

草創 ● 弘安元年（1278）

【二階堂・金沢街道北側】

その⑤ 仏像 木造阿弥陀如来立像

# 岩蔵山《がんぞうざん》 光触寺《こうそくじ》

## 運慶作と伝わる阿弥陀如来を祀る

▲後醍醐天皇の勅字の扁額を掲げる本堂

▶ここへの行き方［MAP P39］

JR横須賀線鎌倉駅東口から鎌倉霊園正門前 太刀洗 金沢八景駅行バス15分、十二所下車、川沿いの小路を徒歩約2分

住所 ● 鎌倉市十二所793

電話 ● 0467-22-6864

拝観 ● 9:00 ～ 16:00

料金 ● 阿弥陀三尊拝観300円（10名以上予約制）

宗派 ● 時宗

開山 ● 作阿上人

開基 ● 一遍上人

創建 ● 弘安2年（1179）

一遍上人を開基とする時宗《じしゅう》の寺院で、鎌倉三十三観音霊場第七番札所として親しまれている。

寺蔵の位牌によると弘安二年（一二七九）に一遍上人に帰依した作阿上人が創建、『光触寺境内図』によると本堂・火印堂の他、一養・向福など五つの塔頭、さらに熊野・山王などの社がみられる。

また、『光触寺境内図』には寺域と滑川を挟んだ対岸に地蔵堂がみられるが、現在は境内の本堂脇に移されており、塩嘗《しおなめ》地蔵の名で呼ばれている。かつて六浦（現在の横浜市金沢区六浦）の塩売り上人が商売繁盛を祈願して、地蔵に初穂の塩を備えた。ところが鎌倉から帰る時にはなくなっていたことから、地蔵が塩を嘗めてしまったという伝説が残り、この名がついたという。

一年を通して多くの観光客で賑わう鎌倉もこの辺りまで来ると人影もまばらになる。

そんな静かな環境の中に佇む山門をくぐると苔むしたたくさんの石仏が並ぶ参道が続いている。

参道の奥、後醍醐天皇の勅字「光触寺」の扁額がかかる本堂には運慶作と伝わる本尊・阿弥陀如来立像を安置する。本尊が安置されている厨子は、四代鎌倉公方足利持氏の寄進とされる。その本堂の右手に塩嘗地蔵を祀る小祠があり、そのすぐ隣には時宗の始祖である一遍上人の像が立つ。

本堂横にはきれいに整備された庭園があり、鎌倉では貴重なしっとりと静かなお寺の風情を楽しめる。

### □ 仏像と文化財

本尊の木造阿弥陀如来立像は両脇持立像とともに国の重要文化財に指定されている。この阿弥陀如来を深く信じる町局が、召し人に盗みの疑いを抱きその頬に焼印を押したが焼ごての跡が残らない。翌朝、局が阿弥陀如来像の顔を見ると頬に、召し人にあてた焼きごてと同じ位置に焼き印がついていた。召し人の代わりに阿弥陀如来が身代りとなったことから、人々の苦しみを受けて下さる仏さまとされる。

### 境内を彩る花

静かな境内には6月のアジサイ、7月のノウゼンカズラなど四季の花が咲き継ぐ。

▲本堂前の小堂には塩嘗地蔵が安置される

▲阿弥陀如来立像。像高97cm、建保年鑑（1213～18）の作で国の重文。頬焼阿弥陀と呼ばれ、普段は厨子に納められている

▶本堂の前には時宗の開祖・一遍上人の像が立つ

仏像・史跡めぐりで、
鎌倉を訪れたら…

# 甘味処

歴史散策でうれしいのがホッとできる甘味処があること。鎌倉には街のあちこちにそんな甘味処が存在する。ついつい長居してしまうのも古都の醸し出す魔法なのかも。

コラム

## 鎌倉特有の中世の墳墓

# 「やぐら」

鎌倉最大とされる明月院やぐら

**鎌倉を歩いていると岩肌にぽっかりと空いた洞窟のような穴を見かけることが多い。これが鎌倉特有の中世の墳墓「やぐら」である。鎌倉は平坦地の少ない土地柄。そんな鎌倉に幕府開設とともに人口が増加したため、墓を建てる場所がなくなり崖を削り、巌をつくり、そこに骨あるいは納骨器を祀った。「やぐら」は人の霊を祀る神聖な場所だけに、安易に気持ちでの来訪は慎みたい。**

### (1) 明月院やぐら

山ノ内上杉家の祖・上杉憲方の墓とされる鎌倉最大の「やぐら」で、開山堂の横にある。壁面には基壇が設けられ、釈迦如来、多宝如来が浮き彫りされている。基壇上部には十六羅漢の浮彫もあって「羅漢洞」とも呼ばれている。極楽寺近くにある七層の石塔も憲方の墓とされている。

### (2) 切腹やぐら

退耕行勇の開山で、開基は三代執権北条泰時と伝わる東勝寺跡にあるやぐら。一三三三年(元弘三)、鎌倉幕府滅亡の際には、北条高時をはじめとする北条一族とその家臣八七〇名が火をかけて自刃したが、その後復興されている。東勝寺やぐらは、北条一族の屍を葬った場所とされる。

### (3) 大江広元の墓

北条義時の法華堂跡後方の山腹にやぐらが並ぶ。大江広元は、京都から招かれ、頼朝の側近として「政所別当」を務めた人物。子孫には中国地方に覇を唱えた毛利元就がいる。三つ並ぶやぐらの中央が広元、左が子で毛利氏の祖となる季光、右が頼朝の子とされる島津忠久の墓。

### (4) 三浦一族の墓

宝治合戦で滅亡した三浦一族の墓で、北条義時の法華堂跡の山腹にある。幕府の有力御家人・三浦泰村は、将軍に近づき、その勢力は北条氏を凌ぐほどになり、北条時頼から危険視されていた。そんな中、泰村は反執権を掲げ挙兵したが敗退、泰村一族は、頼朝の法華堂で自害して果てた。

### (5) 多宝寺址のやぐら群

北条業時の招きで忍性が開山となったとされる多宝寺址に残るやぐら群。鎌倉後期から室町中期にかけて多宝寺の僧侶や檀那を埋葬したものと考えられている。中でも多宝寺長老・覚賢の五輪塔は、約三メートルの巨大なもの。やぐら群は、鎌倉市の文化財に指定されているものもある。

### (6) 百八やぐら

覚園寺の山門跡から天園ハイキングコースへと向かう山道にある大規模なやぐら群。一八〇穴ほどあるといわれており、仏教の百八の煩悩になぞらえて名前がつけられた。やぐら内には五輪塔や宝篋印塔、仏像が置かれ、また刻まれた梵字や仏像もあり、あらゆる形式のやぐらを見ることができる。

### (7) 瓜ヶ谷やぐら群

葛原ヶ岡・大仏ハイキングコースの葛原岡神社を過ぎて浄智寺へと向かう途中を北側に下りたところにあるやぐら群。五穴で構成される鎌倉時代のやぐら群で、地蔵菩薩像が安置されているものは、地蔵やぐらと呼ばれている。鳥居や五輪塔などの壁面彫刻が多く残され、市指定史跡となっている。

## 日蓮ゆかりの大町・材木座に点在する古寺を訪ねる

# 大町 材木座

大町・名越は鎌倉に入った日蓮が最初に草庵を結んだ地とされ、安国論寺や妙本寺などの日蓮宗の霊跡寺院が集中している。さらに、上行寺の鬼子母神など庶民に愛された寺院もある。また、材木座は海に近く、寺院の境内にも潮の香りが漂っている。ここには、浄土宗の名刹・光明寺や彫像の宝庫といわれる補陀洛寺などが建つ。

【このエリアの代表的な仏像】

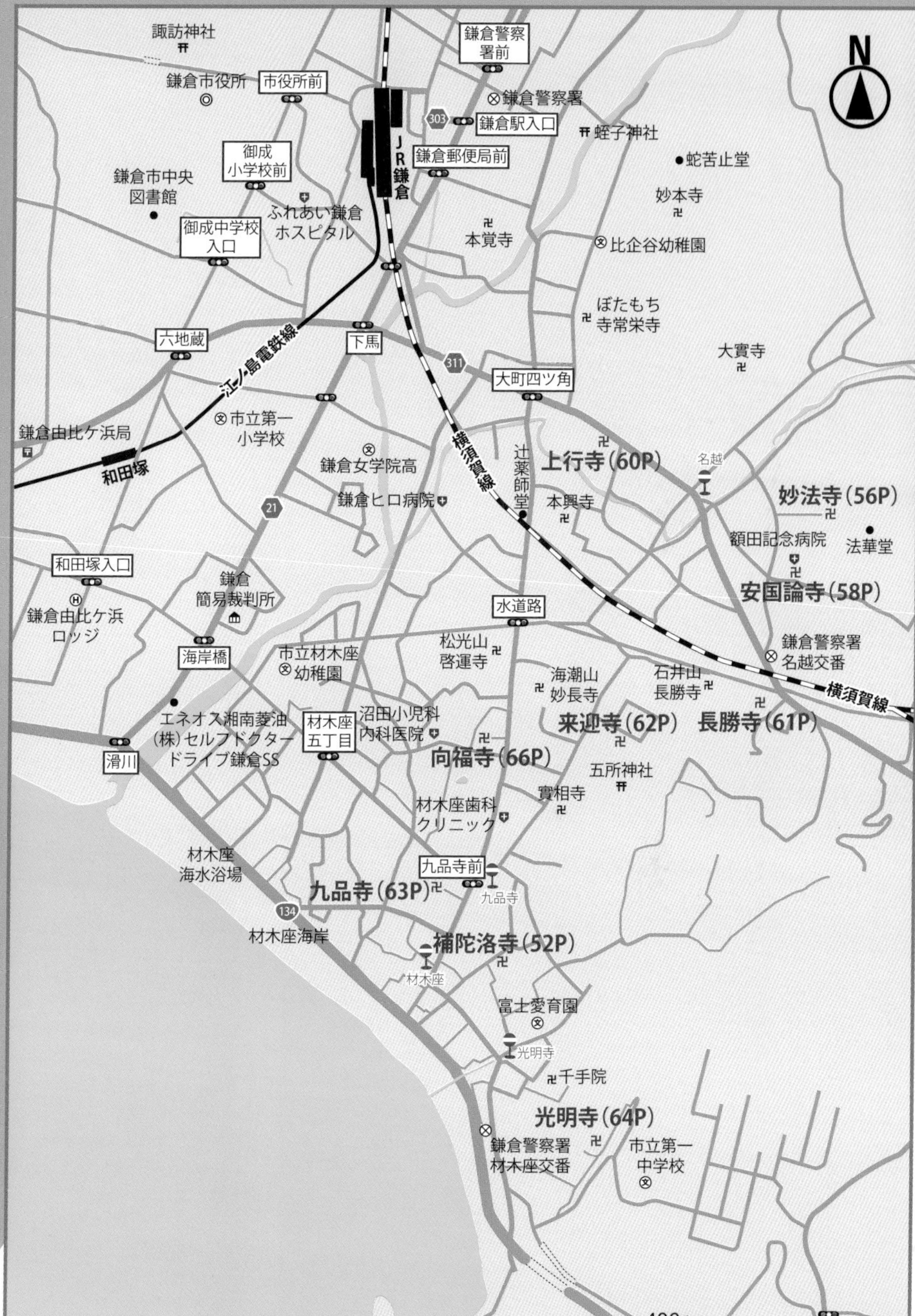
N
諏訪神社
鎌倉市役所
市役所前
鎌倉警察
署前
鎌倉警察署
303
鎌倉駅入口
蛭子神社
蛇苦止堂
JR鎌倉
鎌倉郵便局前
御成
小学校前
鎌倉市中央
図書館
ふれあい鎌倉
ホスピタル
妙本寺
本覚寺
比企谷幼稚園
御成中学校
入口
ぼたもち
寺常栄寺
大寶寺
六地蔵
下馬
311
大町四ツ角
江ノ島電鉄線
市立第一
小学校
鎌倉由比ケ浜局
和田塚
横須賀線
辻
薬
師
堂
上行寺（60P）
名越
鎌倉女学院高
妙法寺（56P）
鎌倉ヒロ病院
21
本興寺
額田記念病院
法華堂
和田塚入口
鎌倉
簡易裁判所
安国論寺（58P）
鎌倉由比ケ浜
ロッジ
水道路
松光山
啓運寺
鎌倉警察署
名越交番
海岸橋
市立材木座
幼稚園
海潮山
妙長寺
石井山
長勝寺
横須賀線
エネオス湘南菱油
（株）セルフドクター
ドライブ鎌倉SS
材木座
五丁目
沼田小児科
内科医院
来迎寺（62P）
長勝寺（61P）
滑川
向福寺（66P）
五所神社
實相寺
材木座歯科
クリニック
材木座
海水浴場
九品寺前
九品寺（63P）
九品寺
134
材木座海岸
補陀洛寺（52P）
材木座
富士愛育園
光明寺
千手院
光明寺（64P）
鎌倉警察署
材木座交番
市立第一
中学校
400m

その① 仏像 十一面観音像・薬師如来像

# 南向山《なんこうざん》 補陀洛寺《ふだらくじ》

## 文覚上人が開いた源頼朝の祈願所

### 鎌倉初代将軍源頼朝を供養する位牌所

文覚上人の開山、源頼朝の開基と伝わり、鶴岡八幡宮の供僧・頼基が中興した。現在の本尊は十一面観音像で鎌倉三十三観音霊場第十七番札所であるが、もとの本尊は詳らかでない。『関東古義真言宗本末帳』には、頼朝の供養をする位牌所とされている。

文覚上人は、もとは遠藤盛遠という北面武士で鳥羽天皇の皇女統子内親王に仕えていたが十九歳で出家した。『源平盛衰記』によると渡辺渡の妻・袈裟御前に懸想し、誤って殺してしまい、その罪を償うために出家し、熊野山中で修行を積んだと記されている。

史実では京都神護寺の再興を後白河上皇に強訴したために、渡辺党の棟梁・源頼政の領国伊豆に流された。そこで、蛭ヶ小島に配流の身だった源頼朝と知り合い知遇を得た

▼本尊の十一面観音立像。像高98.5cmで平安時代後期の作で、頭上に仏面と化仏を頂く

▶ここへの行き方［MAP P51］

JR横須賀線鎌倉駅東口から小坪行または小坪経由JR逗子行きバス7 分、材木座下車、東へ徒歩約3分

住所 ● 鎌倉市材木座6-7-31

電話 ● 0467-22-8559

拝観 ● 境内自由

料金 ● 無料(彫像拝観は志納)

宗派 ● 真言宗大覚寺派

開山 ● 文覚(伝)

開基 ● 源頼朝(伝)

創建 ● 養和元年(1181)

▲材木座の海岸通りから一歩入った所にひっそりと佇む

▲近世風のユーモラスな像容が印象的な伝文覚上人坐像

▶門前には「源頼朝公祈願所」の石碑が由緒を物語る

とされている。

補陀洛寺の寺名の「補陀落」は、インドの古い言葉であるサンスクリット語で「ポータラカ」と発音する。インドから仏教が伝えられ、サンスクリット語で書かれた教典が中国語に翻訳された。これが今見ることができる漢字で書かれた教典である。

しかし、「ポータラカ」は、大切な言葉であるため中国語には翻訳されなかった。その時に、同じ発音で唱えられるようにと音写された当て字が「補陀落」である。「補陀落」は、本体はインドの南方の海のかなたにある観音浄土を意味する。

全国で補陀落の字がつく寺院は多く、山号・院号に「補陀落」の字がつく寺院もあるが、いずれも浄土を意味するものである。

## 数々の災害に遭いながら奇跡的に残った彫像

仏像・彫像の宝庫のような寺院で、明治初年に火災の被害にあったが、こうした仏像類が全く無事であったという奇跡的な話が伝わっている。

彫像類に目を移すと正面中央に本尊・十一面観音菩薩が安置される。

本尊左に日光菩薩、月光菩薩を配した薬師如来像（薬師三尊）、さらに、地蔵菩薩、弘法大師像、愛染明王が安置され、本尊右に二体の不動明王、千手観音、弘法大師像、毘沙門天などが安置されている。

創建当時は七堂伽藍をもった壮大な寺院であったが、海沿いということもあり、度々、竜巻の被害にあったため「竜巻寺」の異名をもっている。

鎌倉時代以降の歴史を振り返ると、戦国時代の天文二十二年（一五五三）には北条氏康印判状で棟別銭の免除をし、その後も小田原北条氏より寺内修理料の寄進を受けた。さらに天正十八年（一五九〇）の北条氏滅亡後には豊臣秀吉の庇護も受けた。

**□ 仏像と文化財**

本尊の十一面観音は南北朝時代の作と考えられる。彫が浅く、素朴な造りであるが、護摩や薫香に燻され凄味を増しているように思われる。不動明王坐像は、平家調伏の祈祷本尊と伝えられ、度々、改修・補修が施されてはいるものの、迫力満点な姿を留めている。江戸時代作の薬師如来・日光・月光菩薩像は旧本尊とされる。

**□ 伝説・その他**

はじめと終わりが不足している勧進帳があって『新編鎌倉志』、そこから開山、開基のことが推定できたらしいが残念ながら今は失われている。現在、東慶寺に移されている鐘には観応元年(1350)の銘があり、南北朝時代には既に寺容を整えていたことがわかる。

▲千手観音像。彫像の宝庫といわれ多くの彫像が納められている

▲旧本尊とされる薬師如来および日光・月光菩薩像

▶頼朝が自ら刻んだと伝えられる源頼朝像

▲像高86.8cm、木造の不動明王像は平家調伏の祈祷本尊と伝わる

▲かつて七堂伽藍を構えた大寺も今は本堂や庫裡を残すのみ

▲本堂の前に枝を広げるサルスベリは８月に花をつける

しかし、近代に入り明治初年の火災で焼失、さらに関東大震災でほぼ全壊、翌年春には本堂が再建された。

他に特筆すべきものとして、平家の赤旗が伝えられている。七〇センチメートル×四〇センチメートルの大きさで、「九万八千軍神」の文字を読むことができる。

平家の総大将・平宗盛のものであったとする説があり、書かれている文字は平清盛の手によるものともいわれている。素材は、麻と竹の糸で綴られており、周囲は千切られた形跡がある。

これは、近世に瀬戸内海で疫病が流行した時に、この切れ端を煎じて飲むと病が治るとされ、この布を千切って送ったためと伝えられている。

### 境内を彩る花

毎年８月を迎えると、サルスベリの花が満開を迎える。
このサルスベリは樹齢150年といわれ、本堂の前庭に枝を伸ばしている。
補陀洛寺は度々竜巻に襲われたという海辺の寺院。海岸方面に歩けば、ウインドサーフィンやヨットのメッカ・材木座海岸がある。海辺や路地には、名もない野草が可愛い花をつけていることも多い。海風を感じながら、のんびりと散策が楽しめる寺院でもある。

▲仁王門をくぐると左手にある化生岩屋と日蓮上人坐像

【大町・材木座】

その② 仏像

一塔両尊四師・日蓮上人坐像

# 楞厳山《りゅうごんざん》 妙法寺《みょうほうじ》

## 護良親王の霊を弔う 日蓮ゆかりの寺院

▶ここへの行き方［MAP P51］

JR横須賀線鎌倉駅東口から緑ヶ丘行きまたは新逗子駅行きバス5分、名越下車、北東方向に向かい、逆川を渡り徒歩約2分

| | |
|---|---|
| 住所 | 鎌倉市大町4-7-4 |
| 電話 | 0467-22-5813 |
| 拝観 | 9:30 ～ 16:30 |
| 料金 | 300円 |
| 宗派 | 日蓮宗 |
| 開山 | 日蓮 |
| 開基 | ー |
| 創建 | 建長5年（1253） |

寺伝によると前身は日蓮の松葉ヶ谷草庵跡に建てられた草庵という。日蓮は安房の故郷を出奔した後、建長五年（一二五三）に鎌倉に活路を求めて現在の妙法寺付近に草庵を結んだらしい。

そして、延文二年（一三五七）、鎌倉幕府打倒に尽力した後醍醐天皇の皇子・大塔宮護良親王の遺児日叡が、父宮の菩提を弔うために宗祖日蓮の旧跡に中興したといわれる。

江戸時代になり水戸徳川家や肥後細川家、さらには徳川十一代将軍徳川家斉などの帰依を受けて寺容を整え、法華堂・本堂をはじめ総門・仁王門・大覚殿・鐘楼などが建つ。

江戸時代の後期に細川家により寄進された本堂は総欅造りの建築物で、非公開ではあるが杉戸や欄間に描かれた絵が美しい。

さらに、大覚殿も細川家寄進による建築物で、かつて熊本城天守閣に祀られていた加藤清正像を安置している。

また、総門、仁王門、法華堂が朱塗りであるのは家斉を迎えるためであるとされ、明治の中期までは将軍御成の間が残されていた。

境内には護良親王の墓や日叡の墓、御小庵跡などがある。護良親王墓は鎌倉市二階堂の理智光寺跡にもあり、そちらを正式な陵墓として宮内庁が管理している。

さらに、釈迦堂跡脇には日叡上人お手植えのソテツや仁王門左の舞扇を供養する塚である扇塚、幕末に起きた三田の薩摩藩邸焼討事件の戦没者を祀る墓など、隠れた歴史を今に伝える史跡も多い。

**□ 仏像と文化財**

本堂の障壁画は板絵着色金彩で263面があり、表門とともに鎌倉市指定文化財となっている。本尊は、一塔両尊四師で、日蓮が法華経の仏の世界を文字で表した十界曼荼羅を元にして、その主要な部分を仏像として造形化したもの。宝塔に南無妙法蓮華経と書かれた題目宝塔が中央にあり、その左右に釈迦如来・多宝如来の2仏を配置する。

**境内を彩る花**

境内の奥にある日叡の墓や法華堂への階段には苔が密生し、鎌倉一の「苔寺」として有名。また毎年五月上旬にはシャガが見頃を迎える。

▲本堂に沿うように奥に進みむと石段の先に仁王門が建つ

▲一面苔に覆われた水戸徳川家が寄進した法華堂への階段

▲法華堂からさらに登ると日蓮上人ゆかりの松ヶ谷の御小庵蹟がある

ここからは市街を一望できる
大塔宮護良親王御墓

▲急な細い道を登るり詰めると大塔宮護良親王の墓に行きつく

▲秋が深まると本堂へ続く参道は美しい紅葉に彩られる

【大町・材木座】

その③ 仏像 日蓮上人像

# 妙法華経山 安国論寺《みょうほうけきょうざん あんこくろんじ》

## 日蓮が立正安国論を執筆した旧跡

日蓮が鎌倉で最初に草庵を結んだ旧跡をはじまりとすると伝わる日蓮宗の寺院。

日蓮は比叡山延暦寺での修行後、郷里の安房清澄寺で法華経を至上とする他宗排斥の布教を進めたが、土地の地頭と対立したために、父母にゆかりのある名越家を頼ってこの地に小庵を結んだ。

日蓮はここを拠点として小町夷堂付近で辻説法を行い信者を獲得しつつ、正嘉二年(一二五八)からは駿河国実相寺で思索を終え、もとの草庵へ戻った。

文応元年(一二六〇)には『立正安国論』を完成させ「法華経を信じなければ国難がやってくる」と前執権北条時頼に上書した。

これにより批判された浄土宗をはじめとした諸宗から激しい迫害を受けるようになり、ついに庵室が襲われ日蓮は鎌倉からの退去を余儀なくされた。その庵室が時期不明であるが寺院となり安国論寺になったという。

▶ここへの行き方［MAP P51］

JR横須賀線鎌倉駅東口から緑ヶ丘行きまたは新逗子駅行きバス5分、名越下車、北東方向に向かい、逆川を渡り額田記念病院方向に徒歩約10分

| | |
|---|---|
| 住所 | 鎌倉市大町4-4-18 |
| 電話 | 0467-22-4825 |
| 拝観 | 9:00 ～ 16:30（月曜閉門） |
| 料金 | 100円 |
| 宗派 | 日蓮宗 |
| 開山 | 日蓮 |
| 開基 | ー |
| 創建 | 建長5年（1253） |

境内には祖師堂・御小庵・日朗茶毘所・山門などがある。また、日蓮が『立正安国論』を書いたという御法窟や題目を唱えたという高台に位置する富士見台もある。富士見台からは晴れていれば由比ヶ浜から富士山を望むことができる。

さらに草庵が襲われた際に日蓮が逃れたという南面窟も残されている。

また、熱心な法華教信者で、その質素な生活から「メザシの土光さん」と親しまれ、行革を断行した元経団連会長の土光敏光の墓所があることでも知られる。

### □ 仏像と文化財

境内から裏山をめぐる巡礼路が設けられている。境内の奥にある南面窟は草庵焼き打ちの法難の際に、日蓮が山王大権現の化身である白猿に導かれて逃れ、難を逃れたという言い伝えをもつ。また、御小庵の後ろの岩窟は安国論寺の基になったとされる。

### 境内を彩る花

境内のヤマザクラ「市原虎の尾」は日蓮が安房から持ちこんだ枝が根付いたものと伝えられ、本堂前のカイドウやサザンカと並んで市の天然記念物に指定されている。他にもゲンペイモモやヤマアジサイ、イチョウなど境内は四季を通じて花々に彩られる。

▲日蓮が『立正安国論』を書いたといわれる御法窟

▲日朗上人が茶毘に付された跡に建つ日朗上人御茶毘所

▲日蓮が最初に鎌倉に草庵を結んだ古跡と伝わる

▶本堂には「立正安国」の字の扁額が架かる

その④ 仏像 三宝諸尊・鬼子母神

【大町・材木座】

# 法久山大前院《ほうきゅうざんだいぜんいん》 上行寺《じょうぎょうじ》

## 癌除けのご利益で知られる瘡守稲荷がある

祇園山の南側、名越の谷の西側の寺の集まるエリアにある古寺。日蓮の孫弟子にあたる日範が、正和二年(一三一三)年に開山。本尊は三宝諸尊。境内には、癌をはじめとする全ての病にご利益があるとされる瘡守《かさもり》稲荷と、身がわり鬼子母神が祀られている。

また、万延元年(一八六〇)、桜田門外の変で大老井伊直弼を暗殺した広木松之助が、事件後にこの寺で切腹して果て、その墓がある。

▲像高95cm、木造の鬼子母神立像は100人の毛髪が植えられている

▲山門裏の上部にある、左甚五郎作とされる見事な龍の彫刻

### □ 伝説・その他

瘡守稲荷は病気平癒、特に癌のご利益があるとして多くの参拝者を集めている。病を相談した信者と御住職の温かみのある触れ合いも伝わっている。

山門の裏側には、名工・左甚五郎作の龍の彫刻がある。また、本堂左手には、広木松之助の墓があるが、実は広木は水戸の妙雲寺の墓に眠っており、この墓は供養塔である。

▶ここへの行き方 [MAP P51]

JR横須賀線鎌倉駅東口から東へ、大巧寺を抜けて小町大路を南へ、大町四つ角を東へ徒歩約10分

住所 ● 鎌倉市大町2-8-17

電話 ● 0467-22-5381

拝観 ● 9:00 ～ 16:00

料金 ● 無料

宗派 ● 日蓮宗

開山 ● 日範

開基 ● ー

創建 ● 正和2年(1313)

癌封じに霊験あらたかとされる

▼本堂より多くの参拝者で賑わう境内の西側にある瘡守稲荷

【大町・材木座】

その⑤　仏像　日蓮像

# 石井山《せきせいざん》 長勝寺《ちょうしょうじ》

## 真冬の水行は、鎌倉の名物行事

◀室町時代の貴重な建築物である法華三昧堂

神奈川県の指定文化財

▲東京の洗足池畔から移された日蓮上人像

▶タイ王国立寺院から送られた金色釈尊像を安置する八角円堂

日蓮が鎌倉に初めて草庵を結んだと伝わる地に、日蓮に帰依していた松葉ヶ谷の石井長勝が開いた小庵を起源とする。京都にある日蓮宗の大本山本圀寺の旧跡とされている。貞和元年（一三四五）、日静が長勝寺と命名して復興した。

毎年二月十一日に行われる大荒行僧成満祭は、國祷会と呼ばれ、百日前から千葉市川市の法華経寺に参籠し、修行した僧数十名が、冷水を浴びながら世界平和を祈願する激しい水行で、鎌倉の名物行事となっている。

### □ 仏像と文化財

帝釈堂前にある日蓮像は、東京都大田区の洗足池畔にあったもので、高村光雲の作。数々の迫害と法難にあいながら屈せずに鎌倉の街で行った日蓮の辻説法を表したものとされる。
像を取り囲むように立つ四天王像も見事である。
法華三昧堂は、県指定重要文化財で五軒堂と呼ばれる室町時代の貴重な様式を今に伝える。

▶ここへの行き方［MAP P51］

JR横須賀線鎌倉駅東口から逗子駅・緑ヶ丘入口行きバス10分、長勝寺下車、西に徒歩約2分南側

住所 ◉ 鎌倉市材木座2-12-27

電話 ◉ 0467-25-4300

拝観 ◉ 9:00 ～ 16:00

料金 ◉ 無料

宗派 ◉ 日蓮宗

開山 ◉ 日蓮

開基 ◉ 石井長勝

創建 ◉ 弘長3年（1263）

その⑥ 仏像 木造阿弥陀如来像

# 随我山能蔵院 来迎寺

ずいがさんのうぞういん
らいごうじ

【大町・材木座】

## 平家軍と戦った三浦大介義明を供養した寺

源頼朝の挙兵の際に尽力し、平家方を迎え討ち衣笠城で戦死した三浦の豪族、三浦大介義明の菩提を弔うために、建久五年(一一九四)、頼朝が真言宗の能蔵寺として創建した。

建武二年(一三三五)、音阿上人により来迎寺と改め、時宗の寺院となった。裏山には観音堂があったが、昭和元年(一九二六)に取り壊されて現存しない。

### □ 伝説・その他

本堂には聖観音(子育観音)像が安置され、鎌倉三十三観音札所第14番となっている。寺の本尊は義明の守護仏であった木造阿弥陀如来像。右側には廟所があり、義明の木像が安置されている。

また、義明の墓と同じく頼朝挙兵の際に戦死した孫の多々良三郎重春の墓と伝えられる五輪塔と、その家来の墓が並ぶ。

源氏のために奮戦した武将達

▲本堂横にある三浦大介義明と多々良三郎重春の墓

▲境内の奥、東側にある多数の塔は三浦家の家来の墓とされる

▶ここへの行き方［MAP P51］

JR横須賀線鎌倉駅東口から、九品寺循環バスで5分、五所神社下車東へ、突き当たりまで徒歩約2分

住所 ● 鎌倉市材木座2-9-19

電話 ● 0467-22-4547

拝観 ● 9:30～16:30(冬季16:00)

料金 ● 境内無料

宗派 ● 時宗

開山 ● ー

開基 ● 源頼朝

創建 ● 建久5年(1194)

▼道の突き当たりに建つ本堂。左手には慈母観音像が立つ

【大町・材木座】

その⑦ 仏像 阿弥陀如来像・薬師如来坐像

# 内裏山霊獄院《だいりさんれいがくいん》 九品寺《くほんじ》

## 南朝の功臣 新田義貞ゆかりの寺

◀阿弥陀三尊像を安置する本堂は、山門の正面に東を向いて建てられている

▲薬師如来坐像。石造・像高104.5cm、鎌倉時代。光背に永仁4年(1296)の銘がある貴重な石像

最後まで後醍醐天皇に忠誠を尽くした
内裏山

▲新田義貞筆の山門の扁額は、堂々たる字の「内裏山」

▶ここへの行き方［MAP P51］

JR横須賀線鎌倉駅東口から九品寺循環バスで7分、九品寺下車へすぐ南の西側

住所 ● 鎌倉市材木座5-13-14

電話 ● 0467-22-3404

拝観 ● 9:00 ～ 16:00

料金 ● 志納

宗派 ● 浄土宗

開山 ● 浄土宗

開基 ● ー

創建 ● 建武3年(1336)

新田義貞が建武三年（一三三六）、戦死者を慰霊するために、新田軍の鎌倉攻撃の際の陣営跡に創建した寺。新田軍は材木座海岸からまわりこんで、この地に陣を構えたという。昭和十年（一九三五）北条方も含む戦死者の遺骨をここへ埋葬した。埋葬者は、他の場所を含め九百名以上という。

山門の「内裏山」、本堂の「九品寺」と扁額に書かれた文字は、義貞の筆の写しとされ、直筆は本堂に保管されている。境内は、ヒガンバナやボケが美しいことでも知られる。

### □ 仏像と文化財

本尊の阿弥陀如来像は、玉眼の立像で、鎌倉市指定文化財。また、聖観世音菩薩像があり、鎌倉三十三観音札所第十六番となっている。

寺宝の石造薬師如来坐像は、神奈川県指定文化財で、永仁4年(1296)の銘があり、鎌倉時代の作。現在は、鎌倉国宝館に寄託されている。

鎌倉には珍しい石像の仏さまの優れた像が残る。九品寺の薬師如来坐像もそのひとつである。

▲現存する木造の古建築では鎌倉一の大堂。(現在改修工事中)

【大町・材木座】

その⑧ 仏像 木造阿弥陀如来坐像・木造如意輪観音半跏像

# 天照山《てんしょうざん》 光明寺《こうみょうじ》

## 関東における浄土宗の中心寺院

浄土宗の宗祖・法然の死後、その法統は長老の信空が継いだものの門人たちの間では法然の教義に関して微妙な解釈の違いが生じていた。その後、専修念仏の停止や法然墓堂の破壊など浄土宗にとっての法難が続いた後、法然の教えは浄土四流に分かれた。

そのひとつ、九州の草野氏の庇護を受けたのが弁長の鎮西義である。

三祖然阿良忠が執権北条経時の帰依を受け鎌倉に居住し光明寺を開いた。この時を契機として関東以北に浄土宗が広まったといわれている。

明応四年(一四五九)には後土御門天皇から関東総本山の称号を受け、勅願寺となった。永く十夜法要を行うことも勅許され、現在も毎年十月十三日から十四日にかけて行われ、境内には露店が出て大いに賑わう。

天文元年(一五三二)、小田原の北条氏は、相模国三浦郡の一向門徒が光明寺の檀徒になる

▶ここへの行き方 [MAP P51]

JR横須賀線鎌倉駅東口から小坪経由逗子行きバス10分、光明寺下車、徒歩約1分

| | |
|---|---|
| 住所 | 鎌倉市材木座6-17-19 |
| 電話 | 0467-22-0603 |
| 拝観 | 7:00～16:00<br>(4/1～10/14は6:00～17:00) |
| 料金 | 志納 |
| 宗派 | 浄土宗 |
| 開山 | 然阿良忠 |
| 開基 | 北条経時 |
| 創建 | 寛元元年(1243) |

ように命じ、さらに徳川家康が浄土宗学問所として関東に十八檀林制度を定めると、その筆頭寺院となり、旗本・御家人の檀家も多かった。

国の重要文化財に指定される本堂は元禄十一年（一六九八）の建立で、現存する木造建築物としては鎌倉で有数の規模を誇る。（現在改修工事中）その本堂の左手には小堀遠州作と伝わる記主庭園がある。

「入る者を拒まない」という光明寺の境内は開放感に溢れている。山門の前には、キラキラと陽光眩しい材木座の海岸が広がる。

### □ 仏像と文化財

本尊は阿弥陀如来および両脇侍立像で神奈川県の指定文化財。他にも鎌倉市の指定文化財の木造如意輪観音半跏像、木造光明寺世代像、石造地蔵菩薩坐像がある。また、非公開だが奈良當麻寺に伝わる浄土変相図を蓮の糸で織り上げた中将姫伝説を描いた寺宝の当麻曼荼羅縁起絵巻を有し国宝に指定されている。

### 境内を彩る花

記主庭園には大賀一郎博士が発見した２千年前のハスといわれる大賀ハスが夏に花を咲かせる。

ただ往生を願う
人々の願に応える

▲阿弥陀如来坐像。木造・像高86.2㎝、鎌倉時代前期、中央仏師の作風。清らかで澄み切った像容が特徴で、上品下生印を結ぶ

▲五間三戸二階二重門といわれる山門は１階が和風、２階が中国風に造られている

▲光明寺裏山からの展望。「かながわの景勝50選」に指定されている

その⑨ 仏像 阿弥陀如来立像

# 円竜山《えんりゅうざん》 向福寺《こうふくじ》

## 南北朝時代の面影を伝える阿弥陀三尊像

開山の音阿一向は時宗の開祖一遍上人と同じように、各地を遊行回国し、踊り念仏を修した。寺伝によると創建は弘安五年（一二八二）だが、明らかではない。音阿の没年が、応永三十三年（一四二六）と伝わることから、その頃の創建とも考えられる。

かつて文政九年（一八二六）に再建された本堂があったが関東大震災で倒壊し、昭和五年（一九三〇）に建立された。

### □ 伝説・その他

本尊の阿弥陀如来および両脇持立像は南北朝時代の作で、鎌倉市指定の文化財。張りみ満ちた尊顔が男性的な造形をもち、鎌倉彫刻の流れを引き継ぎつつ、着衣の皺など宋風彫刻の流れを受けて、複雑華美に仕上げられている。

小さな寺院だけに廃仏毀釈の影響を受けることなく、ほぼ当初の状況をとどめている。

▲本尊は普段、本堂の扉の隙間から拝することができる

▲庶民的で簡素なたたずまいをみせる街中の寺院

▶ここへの行き方［MAP P51］

JR横須賀線鎌倉駅東口から九品寺循環行きバス7分、五所神社下車、北方向に戻り徒歩約1分

住所 ● 鎌倉市材木座3-15-13

電話 ● 0467-22-9498

拝観 ● 境内自由

料金 ● 志納

宗派 ● 時宗

開山 ● 音阿一向

開基 ● ー

創建 ● 弘安5年（1282）

張りに満ちた男性的なお顔立ち

▼本尊の阿弥陀如来および両脇侍立像。南北朝時代の作で当初の状態をよくとどめている

仏像・史跡めぐりで、
鎌倉を訪れたら…

# 夕暮れの浜辺

海の街・鎌倉に来たのなら海岸に出てみよう。いつも賑わう浜辺も陽が沈む間際には静寂が訪れる。金色に煌めく波はかつて僧たちが夢見た極楽のよう。

**藤原房前**（681 ～ 737）
奈良時代前期の貴族。藤原不比等の第２子で、藤原北家の祖。正三位・参議として政権の中枢を他の３人の兄弟と独占するも天然痘に倒れた。長谷寺（90P）の開基とされる。

**弁慶**（？～ 1189）

源義経の家臣で武蔵坊と号す。義経とともに衣川の合戦で討死にした。頼朝の義経に対する疑いを晴らすために満福寺（110P）において腰越状を書いたともいわれている。

**北条氏康**（1515 ～ 71）
小田原城主。扇谷上杉氏を滅ぼし、領内では税制・貨幣改革・支城制の整備などを行い、後北条氏の最盛期を築いた。大杤寺（27P）や長谷寺（90P）などに寄進を行った。

**北条貞時**（1271 ～ 1311）

鎌倉幕府第９代執権。覚園寺を創建。霜月騒動で有力御家人・安達氏を討ち、実験を握る。執奏・寄合衆を設け、自ら一門・御内人による得宗家の支配力強化をはかった。

**北条重時**（1198 ～ 1261）
極楽寺（94P）の開基。小侍所別当などを歴任した後、上京して六波羅探題を 18 年に亘り務めた。1247 年に執権北条時頼に招かれ執権の補佐官である連署の任についた。

**北条高時**（1303 ～ 33）
第 14 代執権で北条氏最後の得宗。新田義貞に敗れ、東勝寺において一門とともに自刃した。宝戒寺（20P）は高時の菩提を弔うために後醍醐天皇により建立された。

**北条経時**（1224 ～ 46）
第４代執権。評定衆を３番制にするなどの改革を行い、将軍藤原頼経を廃して頼嗣を将軍に立てた。しかし、心労が重なり 20 代前半で没した。墓は創建した光明寺（64P）にある。

**北条時宗**（1251 ～ 84）
第８代執権。就任当初は得宗家の地位を固め、元寇に際して、幕府の中心となり防御体制を整えた。禅宗に深く帰依し円覚寺（120P）を創建、塔頭仏日庵に廟所がある。

**北条時頼**（1227 ～ 63）

第５代執権で得宗家の権力増大を確立した。内政において物価統制・倹約の奨励を行い、外様御家人・農民を保護し善政を施した。禅宗に深く帰依し建長寺（132P）を創建した。

**北条長時**（1230 ～ 64）
第６代執権。浄光明寺（12P）を創建。六波羅探題・評定衆など幕府重責を歴任。しかし、得宗嫡流の時宗が成長するまでの繋ぎとして実権は前任の時頼が握っていたとされる。

**北条政子**（1157 ～ 1225）

源頼朝の正妻で頼朝の没後も鎌倉幕府の支柱となり「尼将軍」と称された。特に北条氏の地位向上、執権政治の基礎を築いた。壽福寺（76P）、安養院（16P）に墓石がある。

**北条師時**（1275 ～ 1311）
第 10 代執権。浄智寺（128P）の開基。1305 年に師時の執権就任への反発で嘉元の乱が起きるが、主謀者北条宗方を追討した。夜討・強盗などを取り締まる法令を整備した。

**北条泰時**（1183 ～ 1242）
第３代執権。1221 年、承久の乱で指揮を執り、六波羅探題を設けた。さらに連署・評定衆を設置、御成敗式目を制定し、執権政治を確立した。墓は草創した常楽寺（118P）にある。

**北条義時**（1163 ～ 1224）

第２代執権。承久の乱で後鳥羽上皇に大勝し、独裁的な権力を全国に及ばせた。『吾妻鏡』に覚園寺の十二神将の戌神が実朝暗殺の際に義時の危機を告げたとの話が残る。

**密室守厳**（生没年不詳）
臨済宗の僧。建長寺（132P）西来庵の塔主。大覚派と仏光派が対立した際、北条時宗・蘭渓道隆ゆかりの観音像胎内の円鑑を奪った。後に大禅寺に住し、明月院（130P）を開いた。

**源実朝**（1192 ～ 1219）
第３代将軍。政治の主導権は母の北条政子が握っていたため、和歌へ傾倒し『金槐和歌集』を編んだ。右大臣拝賀式の当日に源頼家の子公暁により鶴岡八幡宮（34P）にて暗殺された。

**源義経**（1159 ～ 89）

源頼朝の異母弟。兄頼朝の挙兵に参加し、1185 年、平氏を壇の浦で壊滅させた。しかし、頼朝の不信を買い、奥州平泉で討たれた。満福寺（110P）に逗留し腰越状を書いた。

**源頼朝**（1147 ～ 99）

鎌倉幕府の創始者で初代将軍。1180 年に挙兵、平氏を滅ぼし、1192 年に征夷大将軍に任命、鎌倉に地方政権を立てた。神仏への信仰が篤く、鶴岡八幡宮（34P）の発展に尽くした。

**明庵栄西**（1141 ～ 1215）
日本臨済宗の開祖。入宋して禅を学び 1195 年、博多に聖福寺を開き、鎌倉に下って北条政子の帰依を受け、壽福寺（76P）に住した。日本に茶をもたらしたことでも知られる。

**無学祖元**（1226 ～ 86）
臨済宗の僧。北条時宗の招きで来日し、建長寺（132P）に入り、1282 年には円覚寺（120P）の開山となった。老婆禅という指導法で鎌倉武士の支持を集め、多数の門徒がいた。

**夢窓疎石**（1275 ～ 1351）

臨済宗の僧。鎌倉に赴き、浄智寺（128P）・円覚寺（120P）・建長寺（132P）に住し、瑞泉寺（40P）を開創した。京都の天龍寺や相国寺の開祖でもあり、作庭家としても名高い。

**護良親王**（？～ 1335）
後醍醐天皇の皇子。元弘の乱で勤皇武士を率いて勝利に貢献したが、1334 年、足利尊氏と対立して鎌倉に幽閉され、後に暗殺された。鎌倉宮（19P）に祭神として祀られる。

**蘭渓道隆**（1213 ～ 78）
臨済宗の僧。1246 年に宋より渡来した。北条時頼に請われて常楽寺（118P）に入り、さらに建長寺（132P）の開山となった。円覚寺（120P）の寺地選定にも寄与した。

鎌倉仏像めぐり

# 関連人物略伝

※50音順

**安達泰盛**（1231 ～ 85）
北条氏一門と縁戚関係を結び権力を得る。引付衆・評定衆など幕府要職を歴任したが 1285 年の霜月騒動で敗死。甘縄神名神社（88P）に安達氏の館があったとされる。

**一山一寧**（1247 ～ 1317）
中国から渡来した臨済宗の僧で五山文学の祖。1299 年に来日し、北条貞時の帰依を受けて、建長寺（132P）､円覚寺（120P）の住持を務め、後に上京して南禅寺の住持となった。

**一遍**（1239 ～ 89）
時宗の開祖。諸国をめぐり念仏三昧を修した。信不信を問わず念仏往生がかなうとし、1282 年、鎌倉での布教を目指したが拒否された。ゆかりの光触寺（46P）境内に像がある。

**上杉憲方**（1335 ～ 94）
山内上杉氏で関東管領を務め、1382 年に小山義政を攻めて自害させた。上野・武蔵・伊豆守護職を山内上杉氏の家督として確立した。アジサイ寺・明月院（130P）の創始者。

**英勝院**（1578 ～ 1642）
太田道灌の子孫、大田康資の娘でお勝の方と称した。徳川家康の側室となり、水戸藩主徳川頼房を養育、家康の死後出家して道灌の屋敷跡に英勝寺を創建した。

**円観**（1281 ～ 1356）
天台宗の僧。後醍醐天皇の帰依を受けて、天皇の倒幕計画の下で、反北条の法を修したため、奥州に配流された。幕府滅亡後の 1334 年に宝戒寺（20P）開山となった。

**円爾**（1202 ～ 80）
臨済宗の僧、聖一国師。京都の東福寺の開山となり、北条時頼に禅戒を授け、1257 年に請われて壽福寺（76P）に住した。多くの門弟がおり、その門流は聖一派と呼ばれた。

**覚山**（1252 ～ 1306）
北条時宗夫人で臨済宗の尼僧。堀内殿、潮音院殿とも称される。父は評定衆の安達泰盛で、霜月騒動の際に一族もろとも滅亡した。東慶寺(124P) を開き､縁切りの寺法を定めた。

**行基**（668 ～ 749）
奈良時代の僧で大僧正。多くの弟子を率いて橋の造営を行うなどの慈善事業をなし行基菩薩と称された。五畿内において 40 余の寺院を建て、鎌倉では杉本寺（22P）を開いた。

**兀菴普寧**（1197 ～ 1276）
中国から来日した臨済宗の僧。1260 年に蘭渓道隆などに日本に招かれ、北条時頼に請じられ建長寺（132P）二世となった。時頼は兀菴の下で悟りを開き、印可照明を受けた。

**心慧**（?～ 1306）
智海とも称する律僧。忍性などから戒律を学び、1296 年に北条貞時が元寇に際して、大倉薬師堂を覚園寺に改める際に開山となり、同寺で生涯を閉じた。

**存貞**（1522 ～ 74）
浄土宗の僧で号は感誉、小田原北条氏の重臣・大道寺政繁の甥にあたる。玉縄城主北条綱成の招きにより大長寺（134P）を建立。後に芝増上寺 10 世となった。

**大休正念**（1215 ～ 89）
宋の禅僧で 1269 年に北条時宗に招かれて来日。建長寺（132P）、壽福寺（76P）、円覚寺（120P）に住した。学識の高さで知られ、時宗・貞時ら幕府執権に深い影響を与えた。

**退耕行勇**（1163 ～ 1241）
兼密の臨済僧。鶴岡八幡宮（34P）の供僧となり、永福寺・大慈寺の別当となった。その後、栄西に入門し、鎌倉に戻ってから浄妙寺（42P）・東勝寺の開山を務めた。

**南洲宏海**（生没年不詳）
臨済宗の僧で、出家の後、入宋、帰国後に兀菴普寧に学んで法を継いだ。浄智寺（128P）に開山として招かれたが、兀菴普寧を推して准開山となった。

**日叡**（1334 ～ 97）
日蓮宗の僧で、大塔宮護良親王の子といわれる。本国寺の日静の弟子となり、同寺が京都に移ると､その跡地に妙法寺(56P) を創建し、父の供養に尽くした。

**日蓮**（1222 ～ 82）
日蓮宗の開祖。鎌倉で布教を始め､法華経至上主義を基に『立正安国論』を著す。妙本寺（30P）の開山の他､本覚寺（28P）・長勝寺（61P）・安国論寺（58P）などにゆかりが深い。

**日朗**（1245 ～ 1320）
日蓮宗の僧。日蓮の高弟・六老僧のひとりで日蓮が身延入山後も鎌倉で活動した。妙本寺（30P）を拠点として関東での布教に務めた。光則寺（89P）に幽閉された土牢が残る。

**日出**（1381 ～ 1459）
日蓮宗の僧。天台宗から改宗して鎌倉に入る。1436 年天台宗宝戒寺（20P）の心海と法論の後、鎌倉公方足利持氏による禁圧を受けるが、後に本覚寺（28P）を建てた。

**新田義貞**（?～ 1338）
清和源氏の血脈を継ぐ武将。九品寺（63P）を草創した。後醍醐天皇の倒幕に応じて挙兵、鎌倉を攻めて鎌倉幕府を滅ぼした。後醍醐天皇に重用されるが越前で戦死した。

**忍性**（1217 ～ 1303）
真言律宗の僧。1261 年に鎌倉に入り、北条氏に重用され、1267 年に極楽寺（94P）の開山に招かれた。極楽寺を中心に救済療養施設を設け、土木事業も推進した。

**比企能員**（?～ 1203）
源頼朝の側近として重用され、2 代将軍頼家の外戚となり権勢を振るったが北条氏と対立し 1203 年の比企の乱で滅ぼされた。館跡の妙本寺（30P）に比企氏の墓所がある。

**日野俊基**（?～ 1332）
後醍醐天皇に用いられた公卿で天皇の討幕計画に加わった。しかし、1324・1331 年と 2 度にわたり捕えられた末、鎌倉に送られて処刑された。葛原岡神社（74P）の近くに墓がある。

## 源氏山の麓の緑に抱かれ
## 自然美に溢れた古寺社を訪ねる

# 源氏山
# 鎌倉駅西口

鎌倉駅の西側は源氏山の麓に連なる深い緑に抱かれた、四季の彩りに満ちた諸寺が点在する。
徳川家・蒲生家ゆかりの薬王寺、栄西が住持し鎌倉五山第三位に列せられる臨済宗の名刹壽福寺、水と緑に包まれた海蔵寺など個性的な寺院が多い。また、商売繁昌の神として知られる宇賀福神社は、お金を洗うと倍増するという霊水で人気。

【このエリアの代表的な仏像】



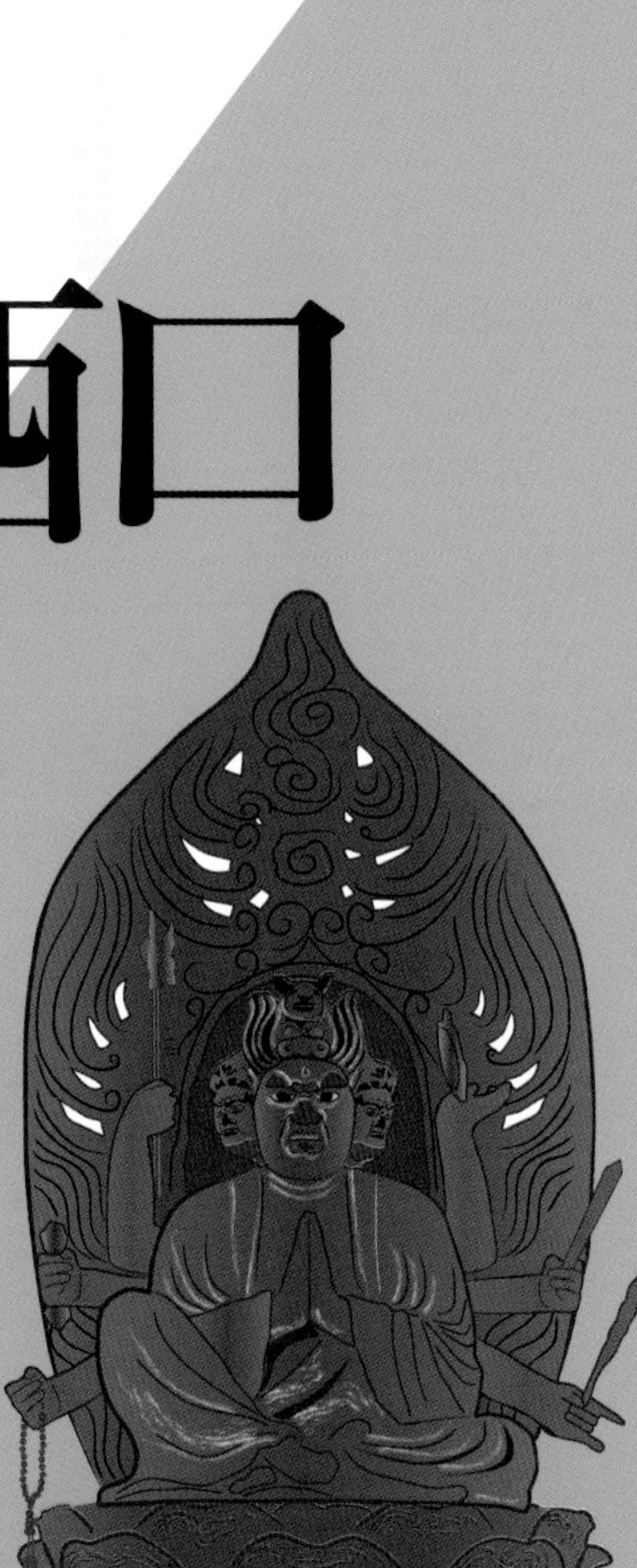

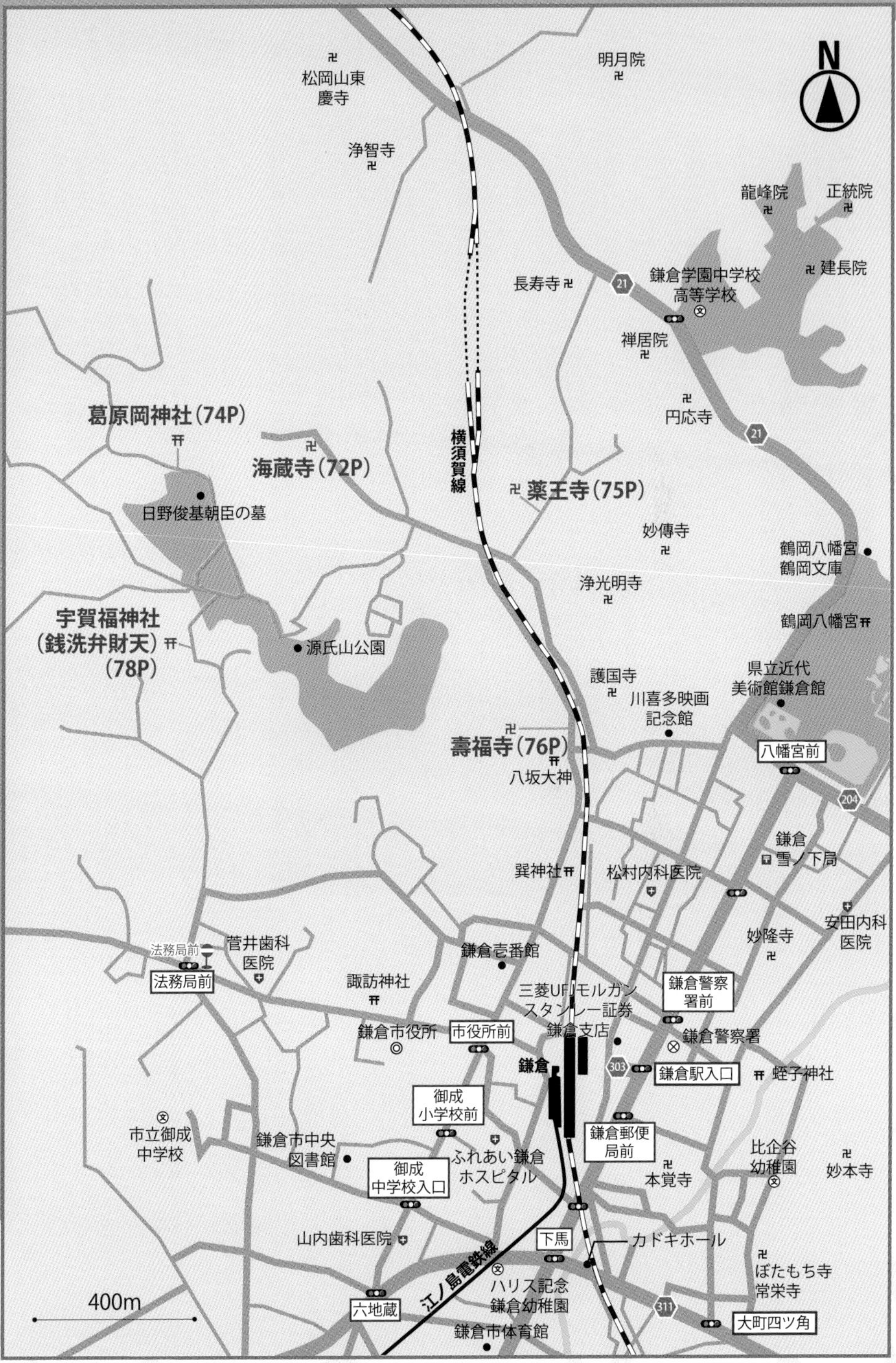
N
松岡山東慶寺
明月院
浄智寺
龍峰院
正統院
建長院
長寿寺
21
鎌倉学園中学校
高等学校
禅居院
円応寺
21
葛原岡神社（74P）
海蔵寺（72P）
横須賀線
薬王寺（75P）
日野俊基朝臣の墓
妙傳寺
鶴岡八幡宮
鶴岡文庫
浄光明寺
宇賀福神社
（銭洗弁財天）
（78P）
源氏山公園
鶴岡八幡宮
護国寺
県立近代
美術館鎌倉館
川喜多映画
記念館
壽福寺（76P）
八坂大神
八幡宮前
204
鎌倉
雪ノ下局
巽神社
松村内科医院
安田内科
医院
妙隆寺
法務局前
菅井歯科
医院
法務局前
鎌倉壱番館
諏訪神社
三菱UFJモルガン
スタンレー証券
鎌倉支店
鎌倉警察
署前
鎌倉市役所
市役所前
鎌倉警察署
鎌倉
303
鎌倉駅入口
蛭子神社
御成
小学校前
市立御成
中学校
鎌倉市中央
図書館
ふれあい鎌倉
ホスピタル
鎌倉郵便
局前
比企谷
幼稚園
妙本寺
本覚寺
御成
中学校入口
山内歯科医院
下馬
カドキホール
ぼたもち寺
常栄寺
江ノ島電鉄線
ハリス記念
鎌倉幼稚園
400m
六地蔵
311
大町四ツ角
鎌倉市体育館

その①　仏像

薬師如来坐像・日光・月光菩薩立像

# 扇谷山《せんごくさん》　海蔵寺《かいぞうじ》

## 十六の井、胎内の仏面など謎の多い寺

▲薬師三尊の中尊は木造で像高67.3cm。室町時代作で胎内に鎌倉期作の仏面を納める

仏面は胎内に納められている

▶ここへの行き方［MAP P71］

JR横須賀線鎌倉駅西口から今小路を横須賀線沿いに北へ、扇ヶ谷ガードを過ぎて道なりにゆるい坂を上り、徒歩約20分

| | |
|---|---|
| 住所 | 鎌倉市扇ヶ谷4-18-8 |
| 電話 | 0467-22-3175 |
| 拝観 | 9:30～16:00<br>悪天候閉門あり |
| 料金 | 十六ノ井拝観100円 |
| 宗派 | 臨済宗建長寺派 |
| 開山 | 心昭空外（源翁禅師） |
| 開基 | 上杉氏定 |
| 創建 | 応永元年（1394） |

源氏山の東麓にある水と緑の寺。建長五年（一二五三）、後嵯峨上皇の皇子で鎌倉幕府第六代将軍となった宗尊《むなかた》親王が、藤原仲能《なかよし》に命じて建立した。しかし、鎌倉幕府滅亡により焼失し、応永元年（一三九四）、二代鎌倉公方足利氏満の命により上杉氏定が、那須の九尾狐を退治したという空外（源翁禅師）の開山により再建した。

九尾狐は殺生石という、触れると病気になる石に化けていたが、空外がこれを杖で打ち砕いて退治したということから、その道具を空外の別名である「げんのう」と呼ぶようになったという言い伝えがある。

最盛時には塔頭十院を擁する大寺院だったが、現在は木立の中に、大正十四年（一九二五）再建の本堂（龍護殿）、無乳型の鐘を納める鐘楼、室町期の禅宗様式だが平成の再建の四脚門の山門、天明五年（一七八五）に建てられた庫裏と、安永五年（一七七六）、浄

智寺から移し、翌年入仏供養を行った仏殿（薬師堂）が整然と建つ。

本堂奥には、心字池を中心とした禅宗風の瀟洒な庭園があり、松竹梅やツツジなどが、四季おりおり風情をかもしだしている。

山門右手の手前には、鎌倉十井のひとつ、底脱の井がある。桶の底がぬけたという無著禅尼の悟り歌「千代能がいただく桶の底脱けて　水たまらねば月もやどらじ」から命名されたものとされる。心の底が抜けてわだかまりが消え、悟りが開けたという解脱の歌である。

鎌倉十三仏霊場第七番札所、鎌倉三十三ヶ所観音霊場第二十六番札所でもある。

**□ 仏像と文化財**

本堂の間切戸の雲竜・山水の絵は、狩野探信の筆。正面四枚戸の牡丹唐獅子の絵は、藤原義信の筆。仏殿には、腹部に仏面を納めた珍しい薬師如来坐像があり、啼き薬師、児護薬師とも呼ばれている。他に、日光・月光菩薩立像、十二神将像がある。

**□ 伝説・その他**

本堂左の岩窟内には、十六の井と呼ばれるものがあり、岩窟の中に、直径70センチほどの4つの穴が4列に並び、湧水を湛えている。納骨穴説もあるが、寺では十六菩薩になぞらえた霊場跡としている。壁面に阿弥陀三尊像を刻んだ板碑がはめこまれていたが、現在は鎌倉国宝館に寄託されており、そこには、嘉元４年（1306）と記されている。

▶本堂の龍護殿は関東大震災で倒壊し、大正14年（1925）の再建

▲山門手前の右側にある鎌倉十井のひとつ「底脱けの井」

▶十六井戸は、深さ50㎝ほどの穴に清冽な水をたたえている

その②　史跡　日野俊基卿墓

# 葛原岡神社《くずはらおかじんじゃ》

## 富士を望む葛原岡は、鎌倉時代の刑場跡

葛原岡一帯は、鎌倉時代には刑場の地だった。南朝の忠臣で後醍醐天皇の側近、日野俊基卿は、倒幕計画の発覚で捕らえられ、ここで処刑された。明治になって南朝の見直しで、俊基卿の復権がなると、明治二十年（一八八〇）に、御鎮座祭が執り行われ、俊基卿を祀る神社として創建された。

桜や紫陽花の名所としても知られ、開花期には多くの花見客で賑わう。

▲小高い丘の頂、木立の間にひっそりと立つ日野俊基卿の墓

▲源氏山公園の一画に立つ源頼朝の青銅像

### □ 仏像と文化財

本殿は平成になってからの大規模改修により美しくなっているが、手前の丘の上には、国指定史跡である日野俊基卿の墓の苔むした宝篋印塔と、宮下翠舟句碑がある。俊基卿は日野種範の子で後醍醐天皇の親政に参加し、2度幕府に捕えられた末、処刑された。
また、南東の源氏山公園には青銅の源頼朝像が立てられている。

▶ここへの行き方［MAP P71］

JR横須賀線北鎌倉駅から鎌倉街道を南へ、浄智寺境内からハイキングコースを経て、天柱峰を越えて、徒歩約25分

住所 ● 鎌倉市梶原5-9-1

電話 ● 0467-45-9002

拝観 ● 境内自由

料金 ● 無料

祭神 ● 日野俊基

草創 ● 明治21年（1881）

▼平成に建て替えられた本殿。右側に神龍が見える

その③ 仏像 日蓮上人坐像・馬頭観音菩薩坐像

# 大乗山《だいじょうざん》 薬王寺《やくおうじ》

## 徳川家・蒲生家ゆかりの山間の寺

◀明治期の廃仏毀釈によって一時荒廃したが、大正期に復興された

中央部には、徳川11代将軍造立の日蓮像が

▲観世音菩薩を安置する元釈迦堂の背後にあるやぐらの久遠廟

▲馬頭観音菩薩坐像。木造・室町前期の作で本堂内の右奥に安置。六観音の中で唯一憤怒相をとる珍しい像

▶ここへの行き方［MAP P71］

JR横須賀線鎌倉駅西口から今小路を北へ、扇ヶ谷ガードをくぐり岩船地蔵堂前から亀ヶ谷坂を北へ、徒歩約15分

- 住所 ● 鎌倉市扇ヶ谷3-5-1
- 電話 ● 0467-22-3749
- 拝観 ● 境内自由
- 料金 ● 無料
- 宗派 ● 日蓮宗
- 開山 ● 日像
- 開基 ● 一
- 創建 ● 永仁元年（1293）

真言宗梅嶺山夜光寺に、日蓮の孫弟子である日像が、鎌倉の由比ガ浜で百日間の荒行を終え、療養地を探していたところ辿り着き、住職との法論の末日蓮宗に改宗させたのが始まり。日像はこのあと、日蓮の遺命で京へ上って、妙顕寺の開祖となっている。

自刃した駿河大納言徳川忠長（徳川家光の弟）のために、奥方で織田信長の孫である松孝院殿建立の供養塔があり、徳川家とのゆかりが深いことでも知られ、徳川家三つ葉葵の紋を寺紋とすることを許可されていた。

### □ 仏像と文化財

本堂は享保12年（1727）の建立。本尊は釈迦牟尼仏、寺宝の日蓮上人坐像は座高93cm。
他に、江戸幕府3代将軍徳川家光の弟で将軍継嗣争いの後で自刃した徳川忠長の供養塔、阿弥陀如来板碑、法華題目板碑、馬頭観音菩薩坐像など多数ある。また、本堂裏手の墓地の一番奥には、徳川家康の孫で松山城主の蒲生忠知の妻と娘の墓もある。

その⑤ 仏像 木造地蔵菩薩立像

# 亀谷山《きこくさん》 壽福寺《じゅふくじ》

## 鎌倉五山最古の寺に、源実朝や北条政子が眠る

▲非公開の仏殿周辺は中門から眺めることができる

▶ここへの行き方［MAP P71］

JR横須賀線鎌倉駅西口から、今小路を北へ徒歩約10分、西側

| | |
|---|---|
| 住所 | 鎌倉市扇ヶ谷1-17-7 |
| 電話 | 0467-22-6607 |
| 拝観 | 参道自由、堂宇拝観不可 |
| 料金 | 無料 |
| 宗派 | 臨済宗建長寺派 |
| 開山 | 栄西 |
| 開基 | 北条政子 |
| 創建 | 正治2年（1200） |

源氏山の東にある、鎌倉五山第三位に列せられる寺で、正式には金剛壽福禅寺。源頼義以来、河内源氏の当主が代々の居館を構えた地に、正治二年（一二〇〇）、頼朝の妻政子が、日本に茶と禅を伝えたといわれる、栄西を開山として開創した。

幕府開府にあたり頼朝はここを本拠としようとしたが、義朝の御家人・岡崎義実が、義朝を弔う堂宇を建てていたことと手狭であったため、あきらめたという。

堂宇は、宋風禅寺の前庭様式の伽藍構成で、山門奥正面に仏殿、右手に鐘楼、庫裏が立ち、前庭にはビャクシンが植えられている。残念ながら境内は非公開となっている。

総門から左手の小道を進むと墓地があり、「ホトトギス」で知られる、明治から昭和の俳人で小説家の高浜虚子、史伝「天皇の世紀」が絶筆となった大正から昭和の小説家、大仏次郎、坂本龍馬とともに海援隊に加わり、政治

家として不平等条約の改定に尽力した政治家、陸奥宗光の墓がある。

さらに奥に足を運ぶと、北条政子と源実朝の墓がある。「やぐら」と呼ばれる岩を掘って作られた中にあり、なかでも実朝の墓は、「唐草やぐら」と呼ばれ、天井などに胡粉を置いて彩色してあり、牡丹唐草の模様が見られる。


「絵描きやぐら」とも呼ばれているが、唐草模様は判別しにくい。鎌倉末期の姿を伝える五輪塔があり、その後ろに石棺が置かれている。その左側のやぐらが政子の墓とされ、同じく五輪塔が安置されている。

### □ 仏像と文化財

寺宝の木造地蔵菩薩立像は、鎌倉時代後期の台座を含む一木造り。この様式の像は鎌倉では大変珍しいとされる。

また、栄西の業績を伝える紙本墨書喫茶養生記もあり、いずれも重要文化財であるが、現在はともに鎌倉国宝館に寄託されていて、そこで見ることができる。

### 境内を彩る花

本堂の前庭には市の天然記念物に指定されているビャクシンの古木がある。境内は3月のハクモクレン、秋のカエデ、モミジの紅葉、12月から1月にかけてのロウバイが美しい

▶源実朝の塔のあるやぐらは「唐草やぐら」と呼ばれる

▲本堂前庭には市の天然記念物に指定されているビャクシンの古木が聳える

▼山門から中門に至る参道には美しい敷石が続く

◀仏殿裏手の墓域にある北条政子の五輪塔

その⑥ 史跡 銭洗い水

# 宇賀福神社《うがふくじんじゃ》（銭洗弁財天）（ぜにあらいべんざいてん）

## ザルにお金を入れて洗えば倍増するありがたい霊水

源氏山公園の入り口、佐助ヶ谷に岩を繰り抜くように作られた神社。文治元年（一一八五）、源頼朝が飢饉の救済を祈願したところ、夢のお告げにより、霊水を見つけて創建されたと伝えられる。

その日が、巳年の巳の日、さらに巳の刻であったことから、隠れ里の主で人頭蛇身の神である宇賀福神が、天下泰平をもたらすとされている。

宇賀福神社
銭洗弁財天
▲鳥居をくぐり、洞窟を抜けると境内に至る

▲宇賀福神に祈願する人々が列を作る

**□ 伝説・その他**

岩に囲まれた狭い境内には、社殿や茶店などがひしめき、鎌倉五名水のひとつ銭洗い水が社殿脇の洞窟内に湧出している。用意されているザルにお金を入れて洗えば、倍から100倍になるといわれ、初巳の日は特に霊験あらたかで、1万倍になるとされる。
現在ではほとんどの人が小銭だけでなくお札を洗う。

銭だけでなく紙幣を洗う人も多い
ザルは左側の台へ
「ザル」は後の台において下さい。
▼名水銭洗水が湧き出す奥宮で金を洗い清める参拝者

▶ここへの行き方［MAP P71］

JR横須賀線鎌倉駅西口から西へ、御成トンネルを抜けて佐助1丁目信号を北へ約25分、左側

住所 ◉ 鎌倉市佐助2-25-16

電話 ◉ 0467-25-1081

拝観 ◉ 8:00～16:30

料金 ◉ 無料

祭神 ◉ 市杵島姫命他

草創 ◉ 文治元年（1185）

## 仏像・史跡めぐりで、鎌倉を訪れたら…

# 豆菓子

鎌倉の商店街には豆菓子を商う店がある。カレーやマヨネーズピーナッツなどの味もうれしいが、砂糖をまとったカラフルな豆たちもかわいい。

コラム

# 鎌倉殿と北条氏

## ～源頼朝と北条三代について～

**2022年のNHK大河ドラマ『鎌倉殿の13人』の主人公、鎌倉幕府二代執権の北条義時。歴史上大きな役割を果たした人物の割には、あまり知られていないというのが実情だ。ここでは、鎌倉幕府という武家政権の成り立ちを、源頼朝と北条三代（時政・義時・泰時）を通して、紹介しよう。**

## 鎌倉殿とその後援者
### ～源頼朝と北条時政～

鎌倉幕府の棟梁、すなわち鎌倉幕府の将軍（征夷大将軍）を鎌倉殿と称した。ただし、『平家物語』には、鎌倉殿を源頼朝本人を特定する言葉として用いられている。

源頼朝は歴史上の超有名人。誰もが知っている通り、鎌倉幕府を開いた初代将軍である。

頼朝は、源義朝の三男として生まれた。義平、朝長の二人の兄がいたが、貴族の娘を母にもつ頼朝が跡継ぎとされ、幼くして右兵衛権佐の官位を得ている。生まれながらに、武家の名門・清和源氏の棟梁としての地位を約束されていた。

しかし、その運命は十三歳の時に起きた平治の乱で一変する。父義朝が平清盛に敗れたのだ。父とともに東国に落ちのびようとするが捕えられ、伊豆に流された。

頼朝の伊豆での配流生活については、詳しい資料は残されていない。しかし、頼朝は清和天皇を祖とする貴種であり、従五位上右兵衛権佐という官位を持つ武家貴族であった。地方の武士達からすれば、罪人といえども、眩い存在であったに違いない。

頼朝の監視役であった北条時政にとって、頼朝は複雑な存在だった。時は、平氏全盛。だが一方では、清盛の死後は、日本各地では反平氏の動きが活発化していた。一地方豪族の北条氏にとって、頼朝は、その扱い方によっては繁栄・滅亡という両極の影響を及ぼす存在であったのだ。だから、娘の政子が頼朝と恋に落ちたと聞くと、一度はその交際に反対した。しかし、その後二人の仲を認め、頼朝の後援者となり、挙兵から源平の争乱、鎌倉幕府創立と、常に頼朝側近として活躍した。頼朝の死後は、嫡男義時と協力して、比企氏をはじめとする有力御家人達を滅ぼし、二代将軍頼家を追放のうえ暗殺し、初代執権として幕府内での北条氏の権力を確立した。

▲源頼朝

時政はその後、三代将軍実朝の排除も画策するが、嫡男義時と娘の政子に阻まれ、失脚することとなる。

## 鎌倉幕府の政権を盤石にした父子
### ～北条義時と泰時～

北条時政の跡を継いで、二代執権となったのが北条義時だった。この義時とその子の三代執権泰時の時代に鎌倉幕府の勢力は堅固なものとなっていく。

武家政権の確立にある法則があることをご存

知だろうか。それは、初代が立ち上げた政権を、二代目が受け継ぎ、三代目で盤石なものとするという定石である。

例えば、室町幕府。初代の足利尊氏が後醍醐天皇を吉野に追い、北朝を立て幕府を創立、二代目の義詮がそれを受け継ぎ南北朝の争乱を経て、三代目の義満の時に、南北朝を合一、幕府財政の充実を図る日明(勘合)貿易を行い、室町幕府の最盛期を創出した。

江戸幕府では、初代の徳川家康が関ケ原の戦い・大阪の陣で豊臣氏を打倒し、幕府を開き、二代目の秀忠は家康の政治方針を保持しながら、大名統制の武家諸法度を発布、三代目の家光の時代になって、参勤交代や鎖国など、徳川二六〇年の礎を築いた。

鎌倉幕府においては、源氏将軍は三代で途切れてしまうので、例にならないが、この法則を実質上の幕府首班である執権北条氏に当てはめることができる。

初代執権の北条時政が、源頼朝の挙兵から幕府創立、ライバルの御家人達の排除を行い、二代目の義時が政敵の排除を引き継ぎ、三代目の泰時が武家御成敗式目(貞永式目)を発布して、鎌倉幕府と北条得宗家の政権確立を成し遂げた。

歴史的には、一般に初代と三代目の評価が高い。小中高の教科書をみても、徳川家康・家光、足利尊氏・義満、北条時政・泰時に関連する事柄はしっかり紹介されているが、二代目の徳川秀忠、北条義時の記載は前者に比べてはるかに劣る。足利義詮に関しては、ほとんど登場しない。二代目は、地味な存在であるのだ。

ところが、よく考えてみると、武家政権において二代目がしっかりしていれば、その政権は長く続くというのが歴史的な事実である。

初代は、いわゆるカリスマである。カリスマが没すれば、人々の心は自ずと離れていく。強烈なカリスマ性をもった先代を引き継ぐことの難しさは、現代でも同じ。二代目の御曹司が企業を潰すことが多いのは周知のとおりだ。

そう考えると、義詮・秀忠・義時の三人は、カリスマ初代が創った政権を見事に維持し、三代目に最盛期が来るようリードしているのだ。もし、短命で終わった平氏・織田氏・豊臣氏においても、宗盛、信雄、秀頼が優秀な人物だったら、歴史は大きく変わっていたかもしれない。

さて、北条義時である。２０２２年のＮＨＫ大河ドラマ『鎌倉殿の13人』の主人公である義時の実像は地味な二代目などではない。その人生は、武士というよりも策謀をめぐらす政治家のイメージを強く感じさせる。比企・畠山・和田などの有力御家人の排除の他、実朝暗殺にもその影を落としている。そして、承久三年(１２２１)の承久の乱では、朝廷を破り、後鳥羽上皇・順徳上皇・土御門上皇を配流、朝廷方の勢力を一蹴し、関東の地方政権であった鎌倉幕府の支配圏を全国に拡大した。

義時の意志は、嫡男の三代執権泰時に引き継がれた。泰時は、その後の武家の法律に大きな影響を与える『御成敗式目』を制定。北条義時・泰時で、鎌倉幕府の権力は盤石となったのである。

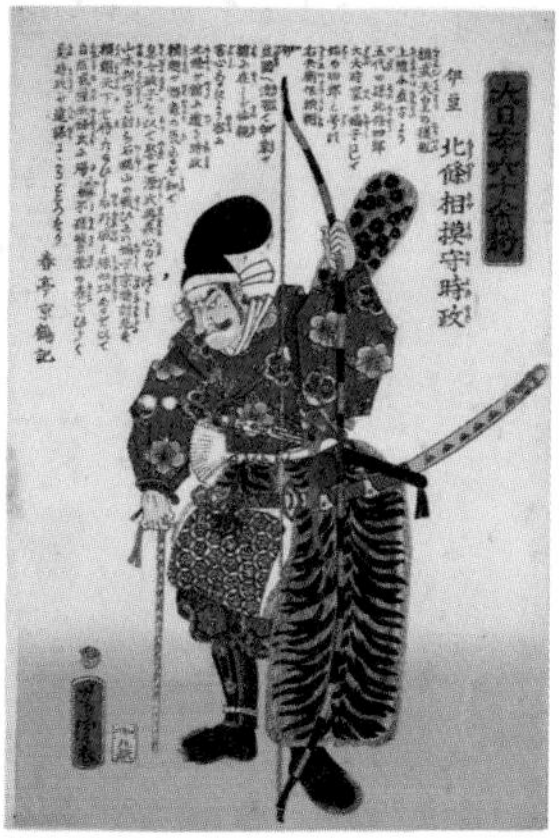

▲北条時政

▲北条泰時

▲北条義時

## 陽光降り注ぐ海辺の古都に点在する古寺社を訪ねる

# 由比ヶ浜
# 長谷

鎌倉の市街地の西方、江ノ電・長谷駅を中心とするエリアで、海辺の古都・鎌倉の雰囲気を満喫できる。奈良の大仏に続いて2番目に大きいという高徳院の鎌倉大仏、さらに像高9mという巨大な十一面観音立像を本尊とする長谷寺と鎌倉を代表する寺院が並ぶ。また、光則寺や成就院など鎌倉有数の花の寺も訪れる人の目を楽しませてくれる。

【このエリアの代表的な仏像】

N
32
高徳院（84P）
鎌倉大仏
五十嵐
表具店
甘縄神明神社（88P）
鎌倉観光会館
大仏前
鎌倉病院
大仏前
鈴木屋食堂
鎌倉
能舞台
吉野屋酒店
雷神堂
中島装錦堂
川端康成
記念會
鎌倉長谷
郵便局
長谷幼稚園
光則寺（89P）
鎌倉消防署
長谷出張所
おおいし
動物病院
301
長谷観音
長谷観音前
長谷寺宝物館
長谷寺（90P）
海光堂
石渡商店
収玄寺
渋谷歯科医院
御霊神社
熊野神社
長谷
32
市立稲瀬川
保育園
江ノ島電鉄線
鎌倉はせ
ユースホステル
極楽寺（94P）
星の井通り
極楽寺
人形匠
萩工房
虚空蔵堂
坂の下
134
法立寺 成就院（96P）
400m

その① 仏像 阿弥陀如来坐像

# 大異山《だいいざん》 高徳院《こうとくいん》

## 鎌倉大仏として名高い国宝の本尊が有名

### 有名な大仏像を本尊とする寺院

本尊の鎌倉大仏で知られる浄土宗の寺院。鎌倉三十三観音霊場第二十三番札所でもある。

開基・開山は明らかではない。もっとも、北条得宗家の正史に当たる『吾妻鏡』寛元元年（一二四三）六月十六日の条には、「深沢村に一宇の精舎を建立し、八丈余の阿弥陀像を安じ、今日供養を展ぶ。導師は卿僧正良信、讃衆十人、勧進聖人浄光房、この六年都鄙を勧進す。尊卑奉加せずということなし」という記述がみられる。このことから、創建年は、この時に求めるのが妥当であろう。

同時代の紀行文である『東関紀行』には、仁治三年（一二四二）の秋の時点で、大仏像が三分の二ほど完成しており、東大寺の大仏像と異なり木造であることが記され

▼鎌倉の大仏さん。正式には阿弥陀如来坐像。台座を含めると像高約11mという

▶ここへの行き方［MAP P83］

江ノ電から長谷駅から、北方向へ直進、鎌倉病院を経て、徒歩約12分

| | |
|---|---|
| 住所 | 鎌倉市長谷4-2-28 |
| 電話 | 0467-22-0703 |
| 拝観 | 8:00 ～ 17:30 |
| 料金 | 300円（小学生以下150円）（大仏胎内拝観20円） |
| 宗派 | 浄土宗 |
| 開山 | ― |
| 開基 | ― |
| 創建 | 寛元元年（1243） |

▲春の盛り、大仏を彩るように咲き誇るサクラ

▲後姿も凛々しい大仏さま。背中に窓が開けられているのがわかる。

◀大仏の背後に建つ観月堂は李氏王朝の景福宮ゆかりの建物

ている。ただ、この木造大仏像は何らかの理由で失われ、銅造の大仏像が造立されることになったらしい。現在の高徳院本尊である銅造大仏像の鋳造は、『吾妻鏡』によれば、建長四年（一二五二）八月十七日に開始されたと記されたという。

　大仏像は、当初は大仏殿の中に安置されていた。弘安七年（一二八四）には、極楽寺の忍性が大仏殿別当に補任されたとの記録も知られる。しかし、大仏殿は、建武元年（一三三五）・応安二年（一三六九）の大風などにより倒壊したとされ、大仏像は遅くも15世紀の末までには露仏となったとみられる。

　江戸時代に入り、正徳年間（一七一一〜一七一六）に、増上寺法主・顕誉祐天によって再興されて以降は、浄土宗関東総本山光明寺の末寺となった。これ以降、高徳院の院号を称するようになった。

## 大仏を中心とした緑いっぱいの境内

　高徳院の境内は大仏を中心として緑深い後光山を背景にしている。仁王門をくぐるとそこから先が寺域となる。高徳院の山号「大異山」を記す扁額が掲げられた仁王門は、十八世紀の初頭、内部に安置された一対の仁王像とともに他所より移築されたものと伝えられている。

拝観受付を済ませるといよいよ目の前に大仏が迫ってくる。大仏の周囲に目を向けてみると、そこには巨大な礎石が大仏を取り囲むように残されている。その数は現在五六基を数え、これがかつて存在していた大仏殿の柱を支えた礎石である。

大仏殿は往時六〇基の礎石に支えられていたといわれ、根府川産の輝石安山岩を石材とするそれらのなかには、庭石や水盤にも転用されているものもある。

大仏の周囲にめぐらされている回廊の背後には観月堂が建つ。朝鮮王朝・李氏の月宮殿

**□ 仏像と文化財**

高徳院といえば本尊の鎌倉大仏を抜きに語れない。像高11メートル、台座を含めると13.53メートル、顔の長さ2.35メートルという巨大な金剛仏で、重さは121トンもある。

**□ 伝説・その他**

境内には歌人達の歌碑が点在する。中でも『みだれ髪』などの作品で知られる与謝野晶子が明治27年(1904)に大仏を拝観した時に残した「かまくらやみほとけなれど釈迦牟尼は美男におわす夏木立かな」の歌碑は有名。

他にも、吉屋信子の「秋灯　机の上の幾山河」や星野立子「大佛の冬日は山に移りけり」、飯室謙斉「春の雨かまくらの名も和らぎて」などの歌碑もある。

▲長さ1.8m、幅0.9m、重量45kgにも及ぶ大きな藁草履

▲大仏殿の巨大な礎石が大仏像の周囲を囲む

今は椅子の代わりに腰掛ける人が多い

▶謝野晶子の歌碑は昭和27年(1952)に建立された

◀江戸中期に制作された青銅製の蓮弁4枚が大仏の背後に安置されている

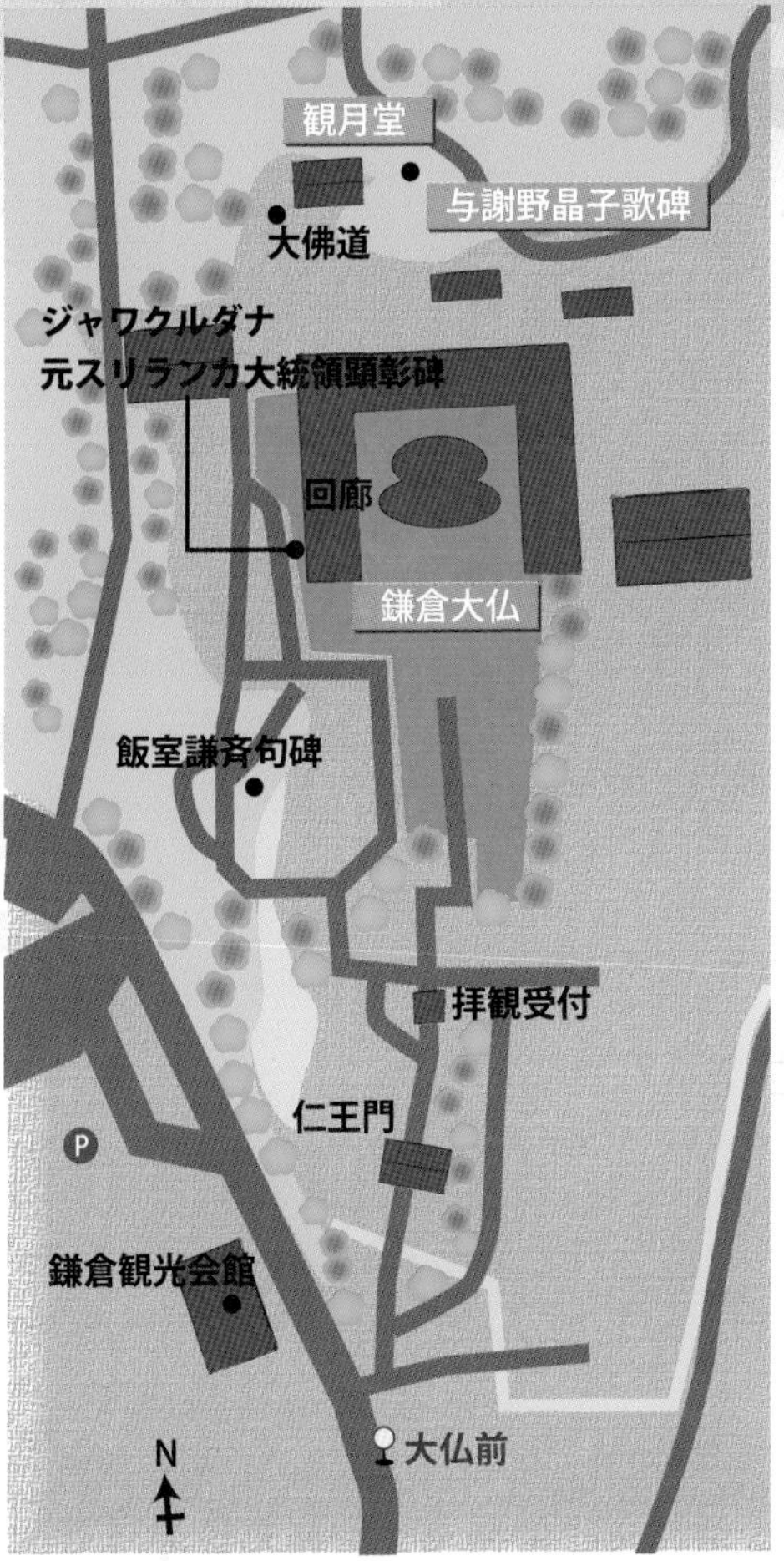

▲大仏の前には香炉がある

▶顔の長さだけでも2・35mあるという巨大な大仏像

を移築した世界的にも貴重な建築物とされ、中世の建築様式を今に伝える。堂内には鎌倉観音霊場二十三番札所の本尊・聖観音像が安置されている。

大仏像に向かって右側の回廊内壁には大きな藁草履《わらぞうり》がかけられている。これは、常陸太田市に活動拠点を置く松栄会によって奉納されたもので、長さ一・八メートル、幅〇・九メートル、重量四十五キログラムにもおよぶ大きさ。こうした草履の制作・奉納は、戦後間もない昭和二十六年（一九五一）、「大仏様に日本中を行脚し、万民を幸せにしていただきたい」と願う、茨城県久慈郡の子供達によってはじめられた。松栄会では、今も数年に一度、巨大な藁草履を制作し、高徳院に寄進を続けている。

**境内を彩る花**

高徳院の境内は花の名所としても知られる。
早春のツバキやウメ、３～４月のミツタマ、ボケ、サクラ、５月のツツジ、10月のススキ、ツワブキ、秋のイチョウ、紅葉など四季折々の花が見応えを迎える。
特に大仏の供花のように咲くサクラやツツジは絶好の撮影ポイントとしてそれぞれの季節に多くのカメラマンや画家で賑わう。

【由比ケ浜・長谷】

その② 史跡 石灯籠・石碑

# 甘縄神明神社《あまなわしんめいじんじゃ》

## 源氏ゆかりの伊勢別宮

川端康成記念館近くにある鎌倉最古級の神社で、この地の豪族であった染谷太郎時忠の創建と伝わる。源頼朝の祖父・源頼義が相模守のとき、ここで祈願したところ、八幡太郎義家が生まれたことから、子授けの信仰を集める。永保元年(一〇八一)義家が社殿を再建している。頼義も鳥居などを寄進していた。

川端康成が近くに住んでいて、小説『山の音』に信吾の家の裏山の神社として描かれている。

▲階段下の左側にある北条時宗の産湯井戸。今は使用はされていない

▲安達盛長邸跡の碑は、大正末に地元青年団により立てられた

**□ 伝説・その他**

境内には、９代執権北条時宗の産湯井戸と呼ばれるものがあるが、真偽の程は定かではない。

また、頼朝の最有力の御家人だった安達盛長の邸宅跡の石碑があるが、盛長邸は無量寺谷にあったと考えられており、別宅か一族のものと思われる。しかし、この辺りが安達氏の勢力下であったことはうかがい知れる。

▶ここへの行き方 [MAP P83]

江ノ電由比ヶ浜駅から西へ、海岸通バス停の先、消防団の手前を北へ、徒歩約５分

住所 ◉ 鎌倉市長谷1-12-1

電話 ◉ 0467 - 22 - 3347

拝観 ◉ 境内自由

料金 ◉ 無料

祭神 ◉ 天照大御神

草創 ◉ 和同３年(710)

▼整備された長い階段を上がると正面に本殿、左右に摂社がある

【由比ケ浜・長谷】

その③ 仏像 日朗上人坐像

# 行時山《ぎょうじさん》 光則寺《こうそくじ》

## 瑞泉寺と並ぶ、カイドウで知られる花の寺

◀江戸時代のはじめに建てられた本堂

鎌倉有数の花の寺として有名

▲春にはカイドウの他にも門前をサクラが雅に彩る

▲境内の北側の奥には日朗が幽閉されていた土牢が残る

大仏近くにある、カイドウの花で知られる寺。北条時頼の家臣で寺社職だった宿屋光則が、文永八年（一二七一）、日蓮の佐渡配流の際、弟子の日朗らの幽閉監視役となった。その間に、日朗の法話を聞くうちに、帰依するようになり、自邸を寺として創建した。

花の寺として知られ、特に四月のカイドウが有名。本堂前のものは神奈川の名木百選に指定され、樹齢は約二百年。ほかにウメ、ツツジ、ヤマアジサイ、サザンカなど年中花が絶えず、境内はまるでミニフラワーパークのよう。

**□ 仏像と文化財**

鎌倉市文化財に指定される木造寄木造りの日朗像が伝えられている。

寺の背後の右手奥の山腹に、日蓮が『立正安国論』を幕府に建白して斬首されそうになった「龍の口の法難」の折、日朗が幽閉されていた場所と伝えられる岩をくりぬいて作られた土牢が残る。

その後、土牢を出た日朗は、佐渡に流された日蓮を赦免状を携えて幾度も訪ねている。

▶ここへの行き方［MAP P83］

江ノ電長谷駅から長谷通りを北へ、長谷寺入口の先を西へ徒歩約7分

| | |
|---|---|
| 住所 | 鎌倉市長谷3-9-7 |
| 電話 | 0467-22-2077 |
| 拝観 | 8:00～17:00<br>カイドウ開花期21:00まで |
| 料金 | 100円 |
| 宗派 | 日蓮宗 |
| 開山 | 日朗 |
| 開基 | 宿屋光則 |
| 創建 | 文永11年（1274） |

【由比ケ浜・長谷】

その④ 仏像 十一面観音立像・阿弥陀如来坐像

# 海光山《かいこうざん》 長谷寺《はせでら》

## 長谷観音と季節の花々に彩られる大寺院

### 奈良長谷寺と同木の本尊を祀る

本尊は九メートルを超える大きな十一面観音像。寺伝によると養老五年(七二一)、開山の徳道が奈良の初瀬山中において楠の霊木から二体の観音像を作らせた。一体は奈良の長谷寺に安置し、もう一体を有縁の地で衆生を救済するように祈願し、海に流したという。

こうして流された観音像は天平八年(七三六)に相模国長井浦に流れ着いた。観音像は海上で光明を放っていたので、現在の地に移して祀ったという。

これが長谷寺のはじまりとされ、開基を藤原不比等の次男・房前としている。房前は、平安時代に摂関職を輩出する藤原北家の祖で、奈良朝において他の三人の兄弟とともに権勢を振るったことで知られる。

草創とされる古代の歴史は寺伝によるし

▼本尊十一面観音立像。木造・像高918cm。右手に錫杖を取り、方形の岩座に立つ

今の観音さまは室町の頃の作とされる

▶ここへの行き方 [MAP P83]

江ノ電から長谷駅から、北方向へ直進、長谷観音交差点を左折、徒歩約5分

| | |
|---|---|
| 住所 | 鎌倉市長谷3-11-2 |
| 電話 | 0467-22-6300 |
| 拝観 | 8:00 ～ 17:00 |
| 料金 | 400円 |
| 宗派 | 浄土宗(単立) |
| 開山 | 徳道 |
| 開基 | 藤原房前 |
| 創建 | 天平8年(736) |

▲阿弥陀堂本尊の阿弥陀如来坐像（室町時代作）。木造・像高280cmでもと誓願寺（現亡）の本尊

▲日本最大級の本尊を安置する観音堂は昭和61年（1986）の再建

▲弁天窟の洞内に祀られる弁財天。伝説では弘法大師の修行の地とされる

かないが、天和二年（一六八二）に成立した『相州鎌倉海光山長谷寺事実』のよると正治二年（一二〇〇）に源頼朝の側近で政所別当の大江広元が再興したという。

また、国の重要文化財に指定されている梵鐘の銘が文永元年（一二六四）なので、鎌倉時代後期には長谷寺として寺容を整えていたことは間違いない。その後も小田原北条氏、豊臣秀吉、徳川家康をはじめとする大名や将軍家から保護・寄進を受けている。

坂東三十三観音霊場の第四番札所であるとともに、鎌倉三十三観音霊場の第四番札所でもある。

## 上下ふたつの境内に建つ建築物と仏さま

長谷寺の境内は、観音山の裾野に広がる下境内と、その中腹に切り開かれた上境内の二つに境内地が分かれている。入山口でもある下境内は、妙智池と放生池の2つの池が配され、その周囲を散策できる回遊式庭園となっている。上境内には観音堂・阿弥陀堂・観音ミュージアム・鐘楼・経蔵などの堂宇が並ぶ。

観音堂には身の丈九メートルという日本最大級の本尊・木造観音菩薩立像が安置されている。

平成二十七年(二〇一五)にリニューアルオープンした観音ミュージアムには、梵鐘(国重文)をはじめ紙本着色長谷寺縁起絵巻などの文化財が展示・収蔵されている。

阿弥陀堂には、源頼朝が自身の四十二歳の厄除けに造ったという阿弥陀如来坐像を安置する。この像は廃寺となった誓願寺のもと本尊であり、「鎌倉六阿弥陀」のひとつに数えられている。

境内の中段の奥には地蔵堂がある。鎌倉には数少ない扇垂木《おうぎだるき》の屋根が特徴。地蔵尊は子孫繁栄にご利益があると信仰を集めている。

下境内の放生池を過ぎたあたりに建つ弁

### □ 仏像と文化財

縁起では養老五年(721)の造立と伝える本尊の十一面観音像は、錫杖を右手に携え、岩座に立つ独特の像容で、身の丈9mを越す巨像。

大和長谷寺の本尊(身の丈10m)と同じ楠の霊木から造られたとされる。

### □ 伝説・その他

徳道は常々立派な観音様を造りたいと願っていた。諸国修行の折り、大和国初瀬の山にさしかかると、森の奥から何ともいえないよい匂いがしてくるので、奥へ入って行きくと大きな楠があった。

徳道はこの木こそ観音様を造るために、神が授けたものと考えた。藤原房前に相談すると、房前は元正天皇に奏上し、天皇は観音様を造る費用を贈ったという。

▲経蔵の内部には回転式の書架があり、毎月18日のみ回転させることができる

▲観音三十三応現身立像はそれぞれ像高94～107cm。もとは本尊の両脇に安置されていた

▲観音堂への参道の途中、落ち葉の中で微笑む可愛らしい、良縁地蔵

▲毎年、紅葉の時期になると境内のライトアップが行われる

▲実際に触ってお参りができる、ふれ愛観音

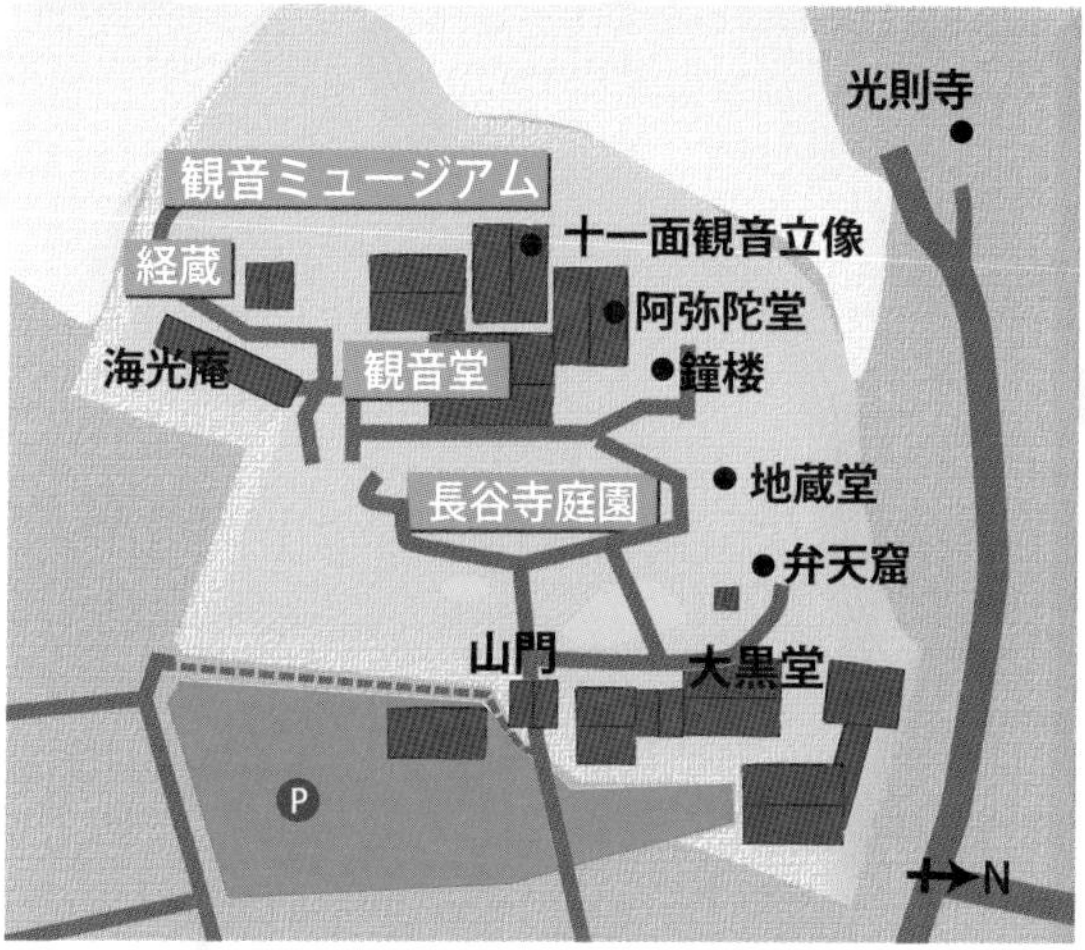

▲ほんわかした雰囲気いっぱいの、なごみ地蔵

天堂には八臂の弁財天が祀られている。出世弁財天として信奉され、弘法大師の作であるという（現在観音ミュージアム収蔵）。

大黒堂には、鎌倉・江ノ島七福神のひとつ大黒天を祀る。大黒様は弘法大師の作とも伝えられる神奈川県内最古の大黒天像で出世開運のご利益で知られる。（現在観音ミュージアム収蔵）。

また、上境内、観音堂の左手には経蔵があり、堂内には回転式の書架があることから輪《りん》蔵《ぞう》と呼ばれ、中には一切経が納められている。書架を一回転させると一切経を読んだと同じ功徳があるとされる。

さらに上の境内には、かきがら稲荷が鎮座する。本尊・十一面観音像が海中を漂流していた際、その御尊体に牡蠣がらが付着し、漂う尊像を長井浦へ導いたという伝説が残る。

**境内を彩る花**

方生池、妙智池を中心とした庭園には早春のロウバイ、ウメにはじまり、ボケ、ハクモクレン、サクラ、ボタン、サルスベリなどが季節の移ろいとともに咲き継いでいく。
特に初夏の時期は多くの花が咲くことで知られ、池中に咲くハナショウブや仏塔を彩るアジサイなどが風情を醸し出す。また、秋には境内を紅一色に染める紅葉が楽しめ、この時期はライトアップも行われる。

その⑤ 仏像

釈迦如来立像・釈迦如来坐像

# 霊鷲山《りょうじゅせん》 極楽寺《ごくらくじ》

## かつては七堂伽藍を有した貧民・病人救済の寺

▲かつては七堂伽藍をはじめ多くの子院を備えた大寺院だった

▶ここへの行き方［MAP P83］

江ノ電極楽寺駅から、東方向へ突きあたりを左へ、線路を渡りすぐに左折、徒歩約3分

住所 ● 鎌倉市極楽寺3-6-7

電話 ● 0467-22-3402

拝観 ● 9:00 ～ 16:30

料金 ● 無料（宝物殿300円）

宗派 ● 真言律宗

開山 ● 忍性

開基 ● 北条重時

創建 ● 正元元年（1259）

もと深沢の里にあった念仏の寺を、鎌倉幕府第二代執権北条義時の三男で幕府連署（執権補佐）であった北条重時が現在の地に移して創建したという。創建年代は正元元年（一二五九）のこととされ、当初は重時の山荘であった。

また寺の縁起によると、創建地の選定には西大寺叡尊の高弟忍性が重時の相談に預かり、重時の子の長時・業時兄弟が協力して完成したという。

文永四年（一二六七）に忍性が住持となってからは西大寺流の真言律宗となり、最盛期には金堂、講堂、塔など七堂伽藍と多くの子院をもつ鎌倉有数の大寺院となった。往時の様子を今に伝える『極楽寺伽藍古図』が現存し、その中には病舎・癩宿・薬湯室・療病院・坂下馬病屋などの救療施設の名がみえる。

鎌倉幕府の滅亡で衰えたものの、後醍醐天皇の勅願所として寺領が安堵されて以来、歴代の権力者によって保護された。近世に入ると徳川家康からも保護を受けている。

現在の極楽寺の寺域は関東大震災の罹災などにより狭小となってしまった。境内には山門・本堂・大師堂・客殿・庫裏が建つ。しかし、本尊の釈迦如来坐像をはじめとする仏像、裏山中腹に立つ忍性・伝北条重時・忍公塔（順忍・比丘尼禅忍他の合葬墓）の三基の大きな墓石などが往時の極楽寺を偲ばせてくれる。特に、五輪の忍性塔は四メートルに近い巨大なもので国の重要文化財に指定されている。

忍性は嘉元元年（一三〇三）七月十二日に極楽寺で没した。その遺骨は極楽寺と大和額安寺・竹林寺に分骨された。

### □ 仏像と文化財

本尊は鎌倉時代作の秘仏・釈迦如来立像(国重要文化財)。平安時代に中国から招来された京都清凉寺の釈迦像を模刻したものだが、生前の釈迦の姿を写しとったものと信じられている。

他にも両手を胸前に挙げ転法輪印という珍しい手印を結ぶ釈迦如来坐像(鎌倉時代作)や文殊菩薩坐像(鎌倉時代作)、不動明王坐像(平安時代作)など貴重な古像を有する。

### □ 伝説・その他

開山の忍性は積極的に病人や貧民救済の社会事業を行ったが、土木事業にも尽力し極楽寺切通をはじめ、70ヶ所を越える道路の改修や橋の造営を行ったという。さらに材木座の和賀江島の管理も行った。

▲文殊菩薩坐像。木造・像高55.6cm、鎌倉時代作の秀麗な像。

▶茅葺きの山門をくぐると本堂へ向け参道が伸びている

▶本堂の前には忍性が救療に使用したという石鉢が残る

その⑥ 仏像 不動明王像・子安地蔵尊

# 普明山《ふみょうざん》 法立寺《ほうりゅうじ》成就院《じょうじゅいん》

## 縁結びの不動明王で女性に人気の寺院

弘法大師が、この地で数日間に及ぶ護摩供虚空蔵菩薩求聞持法を行った地に、鎌倉幕府三代執権北条泰時が承久元年（一二一九）に創建。新田義貞の鎌倉攻めの兵火により焼失し、西ヶ谷に移されていたが、江戸時代の元禄年間（一六八八～一七〇三）に祐尊により再建された。

百八段の石段を登る参道から、由比ガ浜を一望することができる。

▶境内には成就院を開いた弘法大師の像が立つ

▲縁結びの本尊を祀る本堂。ご利益から女性の参詣者も多い

### □ 伝説・その他

山門の正面の本堂には、本尊の縁結び不動明王像があり、右手に弘法大師像が立つ。さらに、子安地蔵尊、文覚上人荒行像、聖観音像など多数の仏像がある。

また、身代わりのお守りが航空機の安全航行にご利益ありとして人気である。

縁結びの本尊を祀ることから年間を通じて女性の参詣者が目立つ。

▶ここへの行き方［MAP P83］

江ノ電極楽寺駅から東へ、極楽寺坂切通しの旧道の石段を経て徒歩約5分

| | |
|---|---|
| 住所 | 鎌倉市極楽寺1-1-5 |
| 電話 | 0467-22-3401 |
| 拝観 | 8:00 ～ 16:30 |
| 料金 | 無料　仏像拝観志納 |
| 宗派 | 真言宗大覚寺派 |
| 開山 | ー |
| 開基 | 弘法大師 |
| 創建 | 承久元年（1219） |

▼本堂の右手には本尊のご分身の不動明王像が立つ

仏像・史跡めぐりで、
鎌倉を訪れたら…

# 高台からの眺め

三方を山に囲まれた鎌倉は海を眺められるビュースポットに恵まれている。刻々と表情を変える相模湾は、一日いても見飽きることがない。

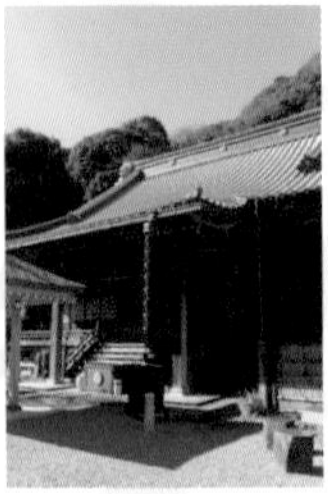

## 鎌倉郊外の住宅地に
## 点在する寺社をめぐる

# 鎌倉山
# 七里ヶ浜

鎌倉の西方に位置する高台の住宅地・鎌倉山とそこから海に向かって続く七里ヶ浜。どちらも鎌倉有数の高級住宅街として知られる。
鎌倉山には、鎖大師を本尊とする真言宗の名刹青蓮寺が、七里ヶ浜には日蓮の雨乞い伝説が残る霊光寺や地元の崇敬を集める龍口明神社がある。さんさんと輝く相模湾を眺めながらの仏像・史跡めぐりもこのエリアならではの楽しみ。

【このエリアの代表的な仏像】
青蓮寺（弘法大師坐像）……… 100p

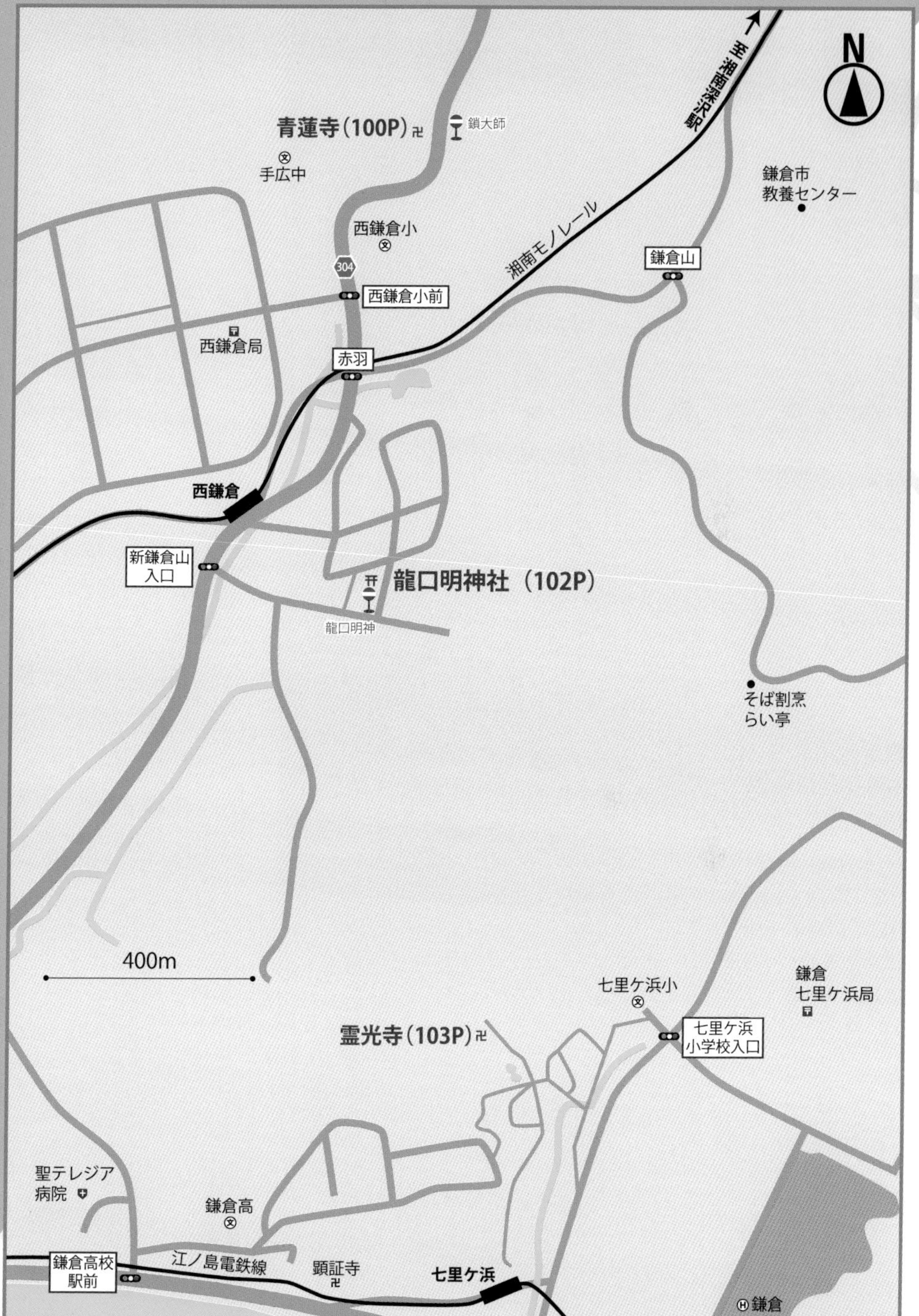

N
至湘南深沢駅
青蓮寺（100P）
鎖大師
手広中
鎌倉市
教養センター
西鎌倉小
304
湘南モノレール
鎌倉山
西鎌倉小前
西鎌倉局
赤羽
西鎌倉
新鎌倉山
入口
龍口明神社（102P）
龍口明神
そば割烹
らい亭
400m
七里ケ浜小
鎌倉
七里ケ浜局
霊光寺（103P）
七里ケ浜
小学校入口
聖テレジア
病院
鎌倉高
江ノ島電鉄線
顕証寺
鎌倉高校
駅前
七里ケ浜
134
鎌倉
プリンスホテル
七里ケ浜高
行合橋

その① 仏像 弘法大師坐像

# 飯盛山《はんじょうさん》仁王院《におういん》 青蓮寺《しょうれんじ》（鎖大師《くさりだいし》）

## 両膝が動く着衣裸形の弘法大師像

▲境内には愛染明王像をはじめ多くの仏像が安置される

▶ここへの行き方［MAP P99］

湘南モノレール西鎌倉駅から、県道腰越大船線を北へ徒歩約15分、西側

住所 ● 鎌倉市手広5-1-8

電話 ● 0467-31-1352

拝観 ● 境内自由

料金 ● 無料

宗派 ● 高野山真言宗

開山 ● ー

開基 ● 空海

創建 ● 弘仁10年（819）

鎌倉市の西のはずれ、鎌倉山の西、古東海道（現在の県道藤沢鎌倉線の一部）と江ノ島道（現在の県道腰越大船線）が交差し、交通の要衝であった西ヶ谷にある。

弘仁十年（八一九）、真言宗の開祖、弘法大師空海が開いた寺。空海が裏手の飯盛山で修行中、天女（江ノ島弁才天）から仏舎利を託され、翌朝になると青いハスの花が一面に咲いていたという伝承がある。

天正十九年（一五九一）には、徳川家康が寺領を寄進したという記録があり、江戸時代には法談所となり、関東談林三十四院のひとつとされた。現在は、関東八十八ヶ所霊場第五十九番札所、東新四国八十八ヶ所霊場第八十八番結願札所、相州二十一ヶ所霊場第十九番札所である。

本堂や立派な鐘楼、山門、庫裏が建つが、関東大震災により大きな被害を受け、諸堂は昭和に入って再建された。

お大師様と堅固に結ばれるとの願いを込めた鎖状の仕掛けで両膝が可動する鎖大師の寺として有名。本尊の大師像は、一・四・一二月の二十一日と、八月十六日・十二月三十一日のみに御開帳される。また、毎年四月第三土曜の午後二時から「鎖大師正御影供大祭」が行われ、法螺貝を吹く檀信徒を先頭にした稚児行列と護摩焚き法要がある。

他に、重要文化財の蓮唐草蒔絵箱型札盤黒漆華形大壇を所蔵している。

境内には、この他大小の石仏や石碑が多数あり、墓地には後亀山天皇の孫、尊賢法親王のものと伝えられる石塔がある。

### □ 仏像と文化財

本尊の木像弘法大師坐像は、鎌倉中期か後期の写実的な寄木造り。裸形に桧皮色の絹の着物をまとわせ、爪には水晶をはめ込み、玉眼の彩色等身大像で両膝が鎖で動くという大変珍しいもの。
なお、着物は二十年に一度着せ替えられている。空海が嵯峨天皇に奉献したものとされ、国指定の重要文化財であり、鎖大師と呼ばれている。

### 境内を彩る花

境内は、ツツジ、藤、アヤメ、シャクナゲ、フランスギク、コスモス、イチョウなど、多数の花がさく、花の寺としても知られる。

◀本尊の鎖大師(木造弘法大師坐像)を安置する本堂

鎖大師は両足を自在に動かせる像

◀境内の一画で愛らしい表情を浮かべるお地蔵さま

▶手で触れながら諸祈願成就をお願いできる五輪塔童子

その②
神像
五頭龍大神像

# 龍口明神社

りゅうこうみょうじんしゃ
（たつのくちみょうじんじゃ）

## 江ノ島創生伝説を伝える鎌倉最古の神社

閑静な住宅街に立つ神社で、創建は五三八年と伝わる鎌倉最古の神社だが、五五二年創建説もある。

伝説によると、鎌倉深沢山中の沼に五頭龍がいて、大地震を起こして大津波をひきおこすなど悪行を重ねていたが、悔い改めて天女（江ノ島弁財天）と結婚、村人のために尽くした尽くしたという。そして、村人により祀られ村の鎮守社としたのが起こりとされる。

▲鎮座1450年記念の植樹。創建552年説により行われている

▲南側の入口は坂の途中にあるる。龍の胴にあたる地に遷座されたという

### □ 伝説・その他

ご神体は五頭龍大神像で、玉依姫命像とともに、養老年間（717～723）の頃に、天台座主となった慈覚大師円仁と、泰澄大師が彫ったものとされている。

五頭龍大神と並ぶ祭神の玉依姫命は、神武天皇の母で海神族の祖先、龍神として崇められている。いぜれにしても江の島弁財天と深い関係があると考えられている。

鎌倉最古の神社とされる

▼本殿は関東大震災で倒壊し、昭和８年(1933)に再建された

▶ここへの行き方 [MAP P99]

湘南モノレール西鎌倉駅から、県道腰越大船線を南へ、最初の信号を東へ徒歩約15分北側

住所 ◉ 鎌倉市腰越蟹田谷1548-4

電話 ◉ 0467-32-0833

拝観 ◉ 境内自由

料金 ◉ 無料

祭神 ◉ 玉依姫命他

草創 ◉ 欽明天皇13年（538）

【鎌倉山・七里ヶ浜】

その③ 史跡 日蓮上人雨乞霊跡

# 竜王山《りゅうおうざん》 霊光寺《れいこうじ》

## 日蓮が八大竜王に祈願し雨を降らせた旧蹟

▲池に向かって雨乞いの祈祷を行う姿を表した日蓮の青銅像

▲日蓮雨乞いの池。南側の道路から見ると、池越しに山門が見える

▲山門から階段を上った高台にある簡素な本堂。上部に漆喰細工の龍が見える

▶ここへの行き方［MAP P99］

江ノ電七里ヶ浜駅の東側から北へ、200m先の石の道標を西へ、池の手前を北へ、徒歩約10分

七里ヶ浜駅からほぼ真北へ、ゆるい坂を上っていった山際の地にある閑静な寺。文永八年（一二七一）、日蓮が極楽寺の忍性と雨乞い競争をして勝ち、三日三晩雨を続けて降らせたとの話が残る地で、日蓮宗の霊場に建てられた寺院である。

明治の末に、「日蓮大菩薩祈雨旧跡地・享保二十年（一七三五）」の石碑が発掘され、本堂と日蓮像が建てられた。寺院としての正式な創建は、昭和三十二年（一九五七）で、その後、書院などが建立され、境内が整備された。

**□ 仏像と文化財**

本堂には、日蓮上人像が祀られ、境内下に周囲100メートルほどの田辺ヶ池があり、「日蓮雨乞いの池」と呼ばれている。この池で日蓮は極楽寺の忍性と降雨の祈祷争いを演じ3日3晩雨を降らしたとされている。
しかし、当時の池は埋められて、その奥にあらためてつくられた池であるという。池に向かって日蓮の青銅像が立てられている。

住所 ● 鎌倉市七里ヶ浜1-14-5

電話 ● 0467-31-6547

拝観 ● 境内自由

料金 ● 無料

宗派 ● 日蓮宗

開山 ● ー

開基 ● 日蓮

創建 ● 文永8年（1271）

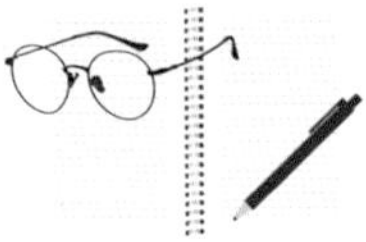

ちょっと
ひと休み

海街DIARY

# 仏像・史跡めぐりで体感したい鎌倉の海

鎌倉に幕府が置かれた大きな理由として、南北東の三方を山に囲まれ、海が南に開かれるという防御しやすい地形であったことがあげられる。そして、海上交通が主流だった昔は、鎌倉は交通の要衝でもあったのだ。

寺社や史跡が多い鎌倉だが、いま私達の頭に浮かぶのは、相模湾からの陽光がさんさんと降り注ぐ、海辺の街というイメージだろう。だから、鎌倉に出かけたら、仏像めぐりと合わせて、ぜひ海辺にも足を運んでほしい。

そんな願いを込めて、七里ガ浜から眺めた、鎌倉の海の風景をお届けしよう。

# 鎌倉 仏教の歴史

**鎌倉は中世において日本の仏教が大きな変貌を遂げた地であった。新しい仏教である禅宗、特に臨済宗が北条氏との結びつきの中で花開き、さらには真言宗などの旧仏教も鎌倉で蘇った。法然、栄西、叡尊、日蓮、一遍などの名僧達の教えが、鎌倉の諸寺に今も生き続けているのである。**

## 古代の鎌倉と仏教

鎌倉が京都と並ぶ政権の本拠地として確立されるのは鎌倉時代からであるが、それ以前にも重要な地として存在していた。

仏教文化においては、杉本寺・長谷寺のように奈良時代を創建とする寺社がある。鎌倉最古の寺院といわれる杉本寺は、東大寺の大仏造営の責任者・行基の開山とされる。東国を旅していた行基は、天平三年（七三一）、「この地に観音さまを置こう」と決め、自ら彫刻した観音像を安置したという。また、長谷寺は天平八年（七三六）、藤原不比等の二男・藤原房前が十一面観音像を本尊として開山したという。

律令政治下での鎌倉は、東海道から三浦、房総へと通じる交通の要所であり、相模鎌倉郡の行政中心地であった。奈良・平安の時代から中央の仏教文化が伝われていたとしても何ら不思議はないのである。

鎌倉禅宗寺院の代表・円覚寺

## 鎌倉幕府開府と仏教

鎌倉に入った源頼朝は、文治元年（一一八五）、平治の乱で敗死した父義朝の供養のために勝長寿院を建立した。この時、仏師として奈良の大仏師成朝を招聘した。そして、成朝の後継者が慶派仏師を率いて鎌倉や関東に勢力を伸ばした運慶だった。

慶派の仏師達は鎌倉を中心に関東全域にその作品を多く残している。

また、鎌倉幕府開府とともに多くの新仏教の祖師達が鎌倉で布教活動を行った。

臨済宗を開いた栄西は、旧仏教の迫害のために京都での布教の限界を感じ、鎌倉幕府の庇護を受けようと庄治二年（一二〇〇）に鎌倉に下った。栄西は北条氏の尊崇を受け、北条政子を開基として壽福寺を開いたが、京都での経験から当初は天台・真言・禅の三宗兼学の寺とした。

しかし、栄西と同じく禅宗の曹洞宗を開いた道元は権力者との結びつきを嫌い、北条時頼の招きで教えを講じた際には、持ちかけられた寺の寄進を断っている。

北条氏の歴代執権は積極的に禅僧を招聘した。北条時頼が蘭渓道隆を開山として建長寺を開いたのをはじめ、円覚寺、浄智寺、東慶寺などの禅宗寺院が相次いで開かれた。

旧仏教でも既存仏教の退廃に嘆いた奈良西大寺の叡尊が鎌倉に下り、慈悲の精神と戒律の厳守、釈迦への回帰を唱えた。北条実時らが叡尊に帰依し、さらに弟子の忍性が極楽寺の開山となり、真言律宗を広めた。さらに浄土宗の良忠も北条経時の帰依を受け光明寺を開いた。

一方、時宗の一遍は鎌倉入りは禁じられたものの、巨福呂坂で布教、日蓮も数々の弾圧に遭いながらも法華経の教えを広めていった。

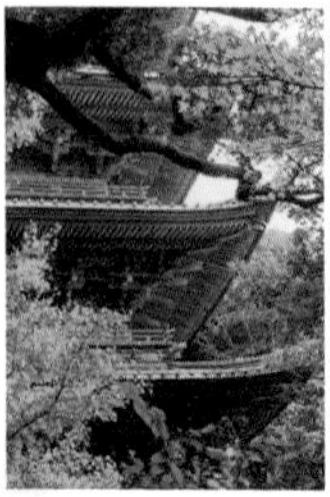

## 潮の香りが漂う漁師町の個性的な古寺社を訪ねる

# 腰越 江の島

海辺を走る江ノ電が、新田義貞の鎌倉攻めの伝説地・稲村ケ崎を超えると、車窓の景色は漁師町のたたずまいに変わってくる。そして、沖合には橋で結ばれた江の島が見えてくる。
腰越には、源義経の腰越状で名高い満福寺、鎌倉唯一の五重塔がある龍口寺、相模湾を一望できる小動神社がある。江の島の江島神社は艶やかな裸弁天が有名。

【このエリアの代表的な仏像】

N
片瀬中学校
鵠沼
藤沢脳神経外科病院
片瀬小学校
至 鵠沼海岸駅
片瀬五丁目
片瀬山
湘南白百合学園高
片瀬郵便局
湘南海岸公園
瑠璃光寺
宝善院（114P）
本蓮寺
目白山下
常立寺
腰越小
湘南神経科・内科
湘南白百合学園小
湘南江ノ島
腰越保育園
龍口寺（108P）
江ノ島
腰越中央医院
新江ノ島水族館
片瀬江ノ島
467
神戸橋
134
片瀬東浜
腰越
妙典寺
満福寺（110P）
江ノ島入口
浄泉寺
小動神社（111P）
小動
305
江ノ島
江ノ島郵便局
湘南港
八坂神社
江島神社（112P）
江の島大師
400m

その① 仏像 日蓮像

# 寂光山《じゃっこうさん》 龍口寺《りゅうこうじ》

## 日蓮の龍の口法難の跡地に建つ

▲龍ノ口法難の霊跡に立つ日蓮上人の像

美しい紅葉に彩られる五重塔

▶ここへの行き方［MAP P107］

江ノ電江ノ島駅から東へ徒歩約3分、路面軌道の道の北側

住所 ● 藤沢市片瀬3-13-37

電話 ● 0466-25-7357

拝観 ● 9:00～16:00

料金 ● 無料

宗派 ● 日蓮宗

開山 ● ー

開基 ● 日法

創建 ● 延元2年（1337）

湘南モノレールの湘南江ノ島駅東側にある、竜ノ口刑場跡に建てられた寺。元の使者が処刑され、元寇のきっかけになった地でもある。文永八年（一二七一）、日蓮が『立正安国論』の建白により、民を惑わす妄言とされて鎌倉幕府に罪を問われ、竜ノ口刑場で処刑されようとした時に、満月のような強い光が夜空を横切ったのに処刑人が驚いて、処刑が中止となった。

これを「龍の口の法難」といい、日蓮の弟子の日法が、建武四年（一三三七）にその場所に敷皮堂を建立し、日蓮像を安置した。慶長六年（一六〇一）、島村采女が寺領を寄進して、境内が整備された。

明治十六年（一八八三）までは選任住職をおかず、片瀬腰越の八つの寺が輪番で維持していた。

山門は、江戸時代のもので見事な彫刻が施されている。本堂は天保三年（一八三二）の再建で、日蓮が法難の際に足元に敷いていたとされる、敷皮を安置しているため、敷皮堂とも呼ばれる。

鎌倉地区では唯一の五重塔は、明治四十三年(一九一〇)の竣工。木造の五重塔としては県内唯一のもので、藤沢の一元流の一元安信が彫刻を施している。大書院は、昭和のはじめに長野県の松代藩邸を移築したもので、養蚕御殿と呼ばれている。

本堂背後の七面山の山頂に立つ、白亜のインド風仏舎利塔は、昭和四十五年(一九七〇)、法難七百年を記念して建てられたもの。他に七面堂・光松妙見堂(旧法善坊)・鐘楼がある。

### □ 仏像と文化財

境内には、龍の口の法難の際に、日蓮が入れられたという土牢の御霊窟があり、中に祖像(日蓮像)が安置されている。また、本堂脇には寺領を寄進した島村采女をはじめ、島村家代々の墓がある。

明治14年(1881)に、入歯師の水野房吉が、歯と入歯の供養と、入歯の技術向上を祈願して立てた、萬人歯骨塚があり、6月に入歯供養祭が行われている。

### 境内を彩る花

花の寺としても知られ、春は桜、夏はサルスベリ、カイコウズ、秋はサザンカ、イチョウ、冬は椿と、1年中、花々を楽しめる。

◀大きな本堂に施された彫刻も見応えがある

▲春のひと時、境内は雅なサクラに彩られる

▶山門上部にある龍などの見事な彫刻も必見

▲仁王門に安置される金剛力士像

その② 仏像 薬師如来像

# 龍護山《りゅうごさん》 満福寺《まんぷくじ》

## 義経の思いを綴った 嘆願書・腰越状ゆかりの寺

七里ヶ浜の西端、小動岬と相対する高台にある、行基の創建と伝わる古刹。源義経が、平宗盛父子らを護送して鎌倉入りをしようとしていた時に、頼朝の不審を知ったため、ここに留った。

そして、この寺で頼朝とのとりなしを依頼するために、公文所別当大江広元宛てに、身の潔白と源氏再興の思いをしたためた書状である腰越状を書いたが許されなかった。

▲本堂入口の手前には弁慶の腰掛石が残されている

▲硯の池は崖際の小さな池でフェンスで囲まれている

### □ 伝説・その他

本堂・鐘楼・地蔵堂・山門・庫裏があるが、ともに関東大震災により倒壊し、後に再建された。

本堂には腰越状の下書きが残されており、義経ファンなら必見。また、義経の生涯が32面の襖絵に漆画で描かれている。

腰越状を書くときに使った硯の水を汲んだという硯池や、弁慶の腰掛石がある。

▶ここへの行き方［MAP P107］

江ノ電腰越駅から東へ、徒歩約3分、踏切を渡ってすぐ

| | |
|---|---|
| 住所 | 鎌倉市腰越2－4－8 |
| 電話 | 0467-31-3612 |
| 拝観 | 9:00 ～ 17:00 |
| 料金 | 無料<br>腰越状下書き拝観は志納 |
| 宗派 | 真言宗大覚寺派 |
| 開山 | ー |
| 開基 | 行基 |
| 創建 | 天平年間（729 ～ 749） |

▼江ノ電の踏切を渡るとすぐに本堂への階段がある

【腰越・江ノ島】

その③ 史跡 日露戦勝記念碑

# 小動神社《こゆるぎじんじゃ》

## 江ノ島を望む、絶景眺望スポットの鎮守社

◀境内の西側に立つ本殿。見事な龍の彫刻が目を引く

▲7月第1日曜から第2日曜にかけて催行される天王祭

▲展望台からの絶景。江ノ島と相模湾を一望できる

小動岬にあり、源平合戦で活躍した源氏の武将、佐々木盛綱がこの地の眺望に感動し、父祖の領国であった近江国の八王子宮を勧請して創建した。新田義貞が鎌倉攻め祈願を行い、戦勝奉告では剣と黄金を寄進して再建した。幕末には台場が設置され、会津藩などが交代で外国船の来襲に備えて警備についていた。

明治元年（一八六八）小動神社と改名し、日露戦争の際、戦勝祈願が行われ、紀念碑が残る。昭和5年（一九三〇）、太宰治が最初の心中を図った地である。

### □ 仏像と文化財

小動岬の一部が境内となっていて、本殿・拝殿の他、海神社・稲荷神社・金刀比羅宮・第六天社の末社4社などがある。
社殿前には展望台があり、眼前の江ノ島や遠く伊豆半島までも眺められる絶景の地である。
また、近代日本で最初の試練となった日露戦争の戦勝記念が行われた。初夏、参道に咲くアジサイも美しい。

▶ここへの行き方［MAP P107］

江ノ電腰越駅から南へ、国道134号線にでたら東へすぐ、漁港の先南側で、徒歩約5分

住所 ◉ 鎌倉市腰越2-9-12

電話 ◉ 0467-31-4566

拝観 ◉ 境内自由

料金 ◉ 無料

祭神 ◉ 須佐之男命他

草創 ◉ 文治年間（1185 ～ 90）

【腰越・江ノ島】

その④ 仏像

# 江島神社《えのしまじんじゃ》

妙音弁財天像・八臂弁財天坐像

## 音楽・芸能の神として庶民に人気の弁天様

▼琵琶を奏でる妙音弁財天像。木造で像高約55cm、妖艶さを漂わす日本三弁天のひとつ

妖艶な姿が人気の芸能の神さま

江ノ島の島内ほぼ全域を境内とし、三社から成る古社で、裸弁天で知られる。

欽明天皇十三年（五五二）に本宮といわれた洞窟（御岩屋）に海の守護神である三女神を祀ったのが草創。その翌年、大地震が起きて天女が出現、これが弁財天になったとされている。

仁寿三年（八五三）、慈覚大師により中津宮が創建された。寿永元年（一一八二）、鎌倉幕府初代将軍源頼朝が奥州討伐の武運祈願のため、四十七人の武士とともに参籠、建永元年（一二〇六）、三代将軍源実朝の命により辺津宮を建立した。

明治初期まで神仏混淆の真言宗金亀山與願寺として、宮島、竹生島とともに日本三弁天のひとつとして信仰を集め、江戸町民など庶民の参詣が多かった。

江ノ島は、建保四年（一二一六）に起きた隆起により干潮時に徒歩で渡れるようになっ

▶ここへの行き方［MAP P107］

小田急江ノ島線片瀬江ノ島駅から南へ、弁天橋を渡り徒歩約20分、奥津宮へは、弁天橋から遊覧船あり

住所 ● 藤沢市江の島2-3-8

電話 ● 0466-22-4020

拝観 ● 9:00 ～ 16:30

料金 ● 無料　奉安殿拝観150円

祭神 ● 市杵島比売命他

草創 ● 欽明天皇13年（551）

ており、架橋されたのは明治中期、関東大震災ではさらに二メートル隆起している。

島の中央部にある辺津宮は、下の宮と呼ばれ、竜宮城を模した瑞心門をはいると、本殿・幣殿・拝殿と、弁才天を祀る八角堂の奉安殿（弁天堂）がある。

辺津宮の南東にある中津宮は、上の宮と呼ばれ、元禄二年（一六八九）再建の朱塗りの豪奢な社殿。島の西部、遊覧船の船着場近くの奥津宮は、本宮御旅所と呼ばれ、社殿は天保十三年（一八四二）の再建。拝殿天井には、酒井抱一の八方睨み亀が描かれている。

### □ 仏像と文化財

裸弁財天として知られる妙音弁財天像は、鎌倉時代の作で高さ54センチの琵琶をかかえ、白い肌の官能的な裸体の坐像。芸能の神として信仰を集め、多くの芸能人も参拝している。

もうひとつ、弓、刀、宝珠、車輪などを八本の手に持った八臂弁才天があり、鎌倉時代の作で重要文化財。奥津宮の石鳥居とともに頼朝寄進と伝えられている。

### 境内を彩る花

島内はバラやツバキ、チューリップの美しいことでも知られるが、特に春はウインザーバラなどが開花し、フラワーフェスタと銘打った各種イベントも開催される。

▲朱色が美しい中津宮は、江戸時代初期の権現造りを再現して平成８年に改修された

▲八臂弁財天坐像は木造・像高59.3cm。鎌倉時代作の貴重な古像

▲多紀理比賣命が祀られている奥津宮

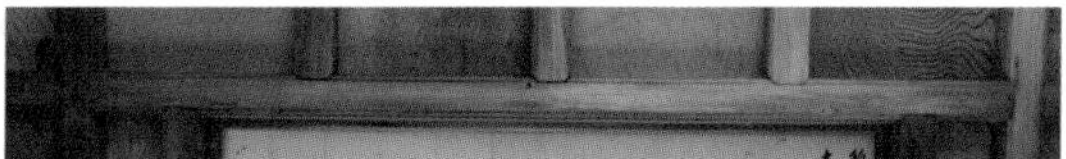

▲江戸の絵師・酒井抱一が奥津宮拝殿天井に描いた八方睨みの亀

その⑤ 仏像 薬師如来像・十一面観音像

# 泰澄山《たいちょうざん》 瑠璃光寺《るりこうじ》宝善院《ほうぜんいん》

## 鎌倉と聖徳太子を結びつける古社

古東海道沿いにある、加待山霊山寺と二つの山号も持つ古刹。

養老七年（七二三）に加賀の白山神社を開いた越後越知山の僧、泰澄大師が十一面観音を祀って、瑠璃光寺として草創。天平神護年間（七六五～七六七）頃とする説もある。泰澄は渡来人の秦氏の出とされ、聖徳太子との関係がうかがわれる。江戸時代には、龍口明神社の別当寺となっていた。

▲観音堂に安置する十一面観音像は、開山1300年記念事業として解体修理が行われた

▶十一面観音坐像。木造・像高80・5㎝、平安中期作と考えられる。今は頭頂仏面と菩薩面各1を残すのみ

### □ 仏像と文化財

養老7年（723）創建、1300年の歴史を有する鎌倉有数の古寺。

本尊は聖徳太子作と伝えられる薬師如来像。他に平安時代中期の行基作とされる十一面観音像、地蔵菩薩坐像、日光・月光菩薩像、大師堂には弘法大師像がある。

なお、戦前まで安永5年（1776）の銘がある梵鐘があったが、惜しくも戦時供出で失っている。

もと瀧口明神社の別当寺

▶ここへの行き方［MAP P107］

江ノ電腰越駅から県道腰越大船線を北へ、亀井バス停先を左折、動物霊園の看板に従い北へ徒歩10分

住所 ● 鎌倉市腰越5-13-17

電話 ● 0467-31-8010

拝観 ● 境内自由

料金 ● 無料

宗派 ● 真言宗大覚寺派

開山 ● 泰澄大師

開基 ● ―

創建 ● 養老7年（723）

▼山門をくぐると、正面に本堂、その右に観音堂があり、左手には墓地が広がる

仏像・史跡めぐりで、
鎌倉を訪れたら…

# 海の幸

鎌倉で新鮮な魚介を見逃す手はない。マグロ、タチウオ、スルメイカ、タイ、ヒラメ…。豊穣の海相模湾であがる旬味を、ダイレクトに味わいたい。

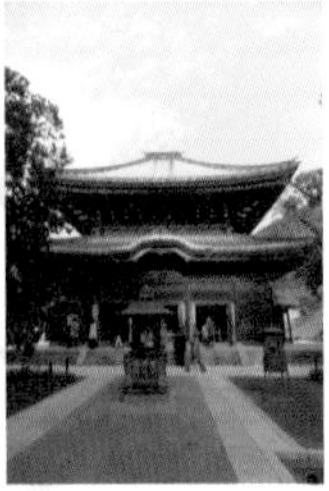

## 臨済宗の名刹と美しい花に彩られた寺院が連なる

# 北鎌倉

鎌倉の中心地から山ひとつ隔てられた北鎌倉。第２代執権・北条義時により巨福呂坂が開かれ、鎌倉五山の第一位建長寺や第二位の円覚寺、第四位の浄智寺など臨済宗の名刹が創建された。ここには、京都の貴族文化と一線を画する武家政権ならではの仏教文化が花開いた。他に四季の花々や自然が美しい東慶寺や明月院などの名刹が点在する。

【このエリアの代表的な仏像】

N
21
23
笠間小
鎌倉女子大
高等部
山王神社
鎌倉女子大前
法安寺
根岸線
21
岩瀬
大長寺（134P）
資生堂
203
スドウ歯科
資生堂前
栄聖仁会
病院
公田小
森岡医院
大船郵便局
JR大船
鎌倉女子大
402
砂押橋
西念寺
鎌倉女子大
短大部
大船小
大船署
大船駅東口
交番広場前
常楽寺（118P）
おおぞら
幼稚園
301
湘南モノレール
鎌倉大船三局
岩瀬中
小袋谷
一丁目
常楽寺
大船中
多聞院
富士見町
大船高校
入口
大船高
今泉小
小坂小
湘南センチュリー
モータースクール
302
小袋谷
横須賀線
神明神社
鎌倉小坂
郵便局
山崎小
JR北鎌倉
円覚寺（120P）
北鎌倉
駅前
北鎌倉女子
学園高
東慶寺（124P）
明月院（130P）
鎌倉中央公園
21
浄智寺（128P）
鎌倉学園高
長寿寺
建長寺
（132P）
JR鎌倉駅
400m

その① 仏像 阿弥陀三尊像・木造釈迦如来坐像

# 粟船山《ぞくせんざん》 常楽寺《じょうらくじ》

## 建長の根本とされた臨済禅の名刹

▲山門正面に位置する仏殿は元禄4年(1691)の建立

▶ここへの行き方 [MAP P117]

JR横須賀線大船駅東口から大船警察署駅前交番の前の道を北東方向へ大船中央病院を経て三菱電機ドキュメンテクスを右折、鈴木荘前を左折して徒歩約15分

| | |
|---|---|
| 住所 | 鎌倉市大船5-8-29 |
| 電話 | 0467-46-5735 |
| 拝観 | 境内自由 |
| 料金 | 無料 |
| 宗派 | 臨済宗建長寺派 |
| 開山 | 退耕行勇 |
| 開基 | 北条泰時 |
| 創建 | 嘉禎3年(1237) |

鎌倉幕府第三代執権北条泰時が、夫人の母の追善供養ために嘉禎三年(一二三七)に建てた粟船御堂《あわふねみどう》を起源とする。

北条泰時は、承久の乱では幕府の総大将として朝廷軍を破り、さらに武家で初めての法典である御成敗式目を制定、鎌倉幕府における北条執権体制を確立した文武両道に優れた人物として知られる。

開山の行勇は源頼朝や北条政子などから厚い帰依を受け、永福寺や壽福寺などに住持し鎌倉で活躍した禅密兼修の僧であったため、創建当時は密教寺院であったとされる。

仁治三年(一二四二)、泰時は、朝廷における天皇継承問題での疲労と赤痢により倒れ、出家して観阿と号していたが六十歳で没した。その遺骸は粟船御堂に葬られ、この時にその法名をとって常楽寺と称したとされる。

その後、蘭渓道隆《らんけいどうりゅう》が北条時頼の招きにより住したことから禅宗寺院に改宗した。道隆は五年後に建長寺が創建されるまで常楽寺をベースに禅宗を広げたため、臨済宗建長寺派においては「常楽は建長の根本なり」と重視され続けた。

茅葺きの四脚門である山門をくぐり境内に入ると、仏殿・客殿・文殊堂が建ち、仏殿の裏手には泰時墓と南浦紹明《なんぽしょうみょう》（大応国師）五輪塔がある。

文殊堂は別名を秋虹殿といい、明治十四年（一八八一）の移建で、内部には鎌倉時代末期作の本尊・木造文殊菩薩像が安置されている。文殊菩薩像は秘仏とされており、毎年一月二十五日に行われる「文殊祭」に開帳される。

### □ 仏像と文化財

仏殿には本尊の阿弥陀三尊像と室町時代作の蘭渓道隆像が安置されている。仏像としては他に木造釈迦如来坐像と木造毘沙門天立像が鎌倉市の指定文化財となっている。また、宝治２年(1248)の銘がある梵鐘が国の重要文化財に指定されている。

### □ 伝説・その他

仏殿の右奥には「色天無熱池」と呼ばれる禅宗庭園が広がる。蘭渓道隆につき従っていた乙護童子が、この池で道隆の衣類を洗濯し空中に投げると、まるで物干竿でもあるかのように宙に浮いたという伝説が残る。
乙護童子は、江ノ島弁財天が道隆を守護するためにつけた給仕役とされ、建長寺塔頭妙高院には、この乙護童子像が安置されている。

▼文殊菩薩坐像。木造・像高61.7cm、鎌倉末期から南北朝の作。宋の禅僧・蘭渓道隆の招来仏とも伝わる

▲茅葺きの四脚門である山門は江戸時代初期の建築物

▲仏殿の裏側にある開基・北条泰時の墓

【北鎌倉】

その② 仏像 宝冠釈迦如来坐像・阿弥陀如来立像

# 瑞鹿山《ずいろくさん》 円覚寺《えんがくじ》

## 鎌倉五山の第二位に位する巨刹

### 無学祖元を迎えて北条時宗が創建

臨済宗円覚寺派の大本山で、室町時代には京都方の相国寺とともに鎌倉方の五山第二位に位されていた。

開山は無学祖元。鎌倉幕府八代執権北条時宗が中国に使者を使わして高僧を招請した時に宋から来日した僧で、建長寺の住持を務めた。祖元は時宗の精神的な支柱となり、蒙古襲来の折りには「莫煩悩」の一語を示して時宗を激励した話しが有名である。

「莫煩悩《ばくぼんのう》」とは「大事を前にしてあれこれ煩悩する必要名はない。一切を断ち前に進むこと」の意で、未曾有の国難に対する時宗の決意を新たにさせたという。

しかし、建長寺の住持を務めていた祖元に帰宋の志が動いたため、これを留意優遇し、弘安五年(一二八二)、円覚寺を新建して無学を開山

▼重層八脚の壮大な山門。楼上には十一面観音菩薩像を中心に諸像が安置される

▶ここへの行き方 [MAP P117]

JR横須賀線北鎌倉駅正面改札口から、駅前の旧鎌倉街道を鎌倉方向へ進み、左手の白鷺池に架かる橋を渡り、徒歩1分

| | |
|---|---|
| 住所 | 鎌倉市山ノ内409 |
| 電話 | 0467-22-0478 |
| 拝観 | 8:00 ～ 16:30<br>(冬期は～ 16:00) |
| 料金 | 500円 |
| 宗派 | 臨済宗円覚寺派 |
| 開山 | 無学祖元 |
| 開基 | 北条時宗 |
| 創建 | 弘安5年(1282) |

◀在家信者のための坐禅道場である居士林。坐禅は一般参加もできる

▲修行僧の坐禅道場・選仏場は元禄12年（1699）の建立

▲宝冠釈迦如来坐像。木造・像高260cm、頭部のみ鎌倉時代。華厳経の世界を説く姿であることから華厳の釈迦とも称される。

に請じた。時宗は禅宗を広く広めたいという願いと蒙古襲来による彼我両軍の戦没者の慰霊を目的で円覚寺建立を発願したとされる。

　円覚寺の名の由来は建立の際、大乗経典の「円覚経」が出土したことから、さらに、瑞鹿山という山号の由来は無学祖元が仏殿開堂落慶の折、法話を聞こうとして白鹿が集まったという奇瑞から「瑞鹿山＝めでたい鹿のお山」とつけられたといわれている。

　祖元は創建から二年間、建長寺と兼帯で円覚寺に住山した末、建長寺専任住持に戻った。その後、一山一寧や夢窓疎石などの名僧が住持を務めた。その任命法は十万住持制といい、法系の異同を問わず普く天下より人材を選んでこれに任ずる方式であったため、開山の仏光派だけでなく、大覚派・仏源派などの諸派より住持を出して今に至っている。

## 国史跡の静寂に満ちた境内は見どころ満載

　創建当時の伽藍は仏殿、僧堂、庫裏があるのみであったが、鎌倉幕府の祈願所となってからは寺領や建物の寄進を受け、七堂伽藍を具備した巨刹へと発展した。

　そして、鎌倉幕府滅亡後も後醍醐天皇の外護により繁栄を続け、最盛期には四十二院の子院を備えていたという。

### □ 仏像と文化財

本尊の木造宝冠釈迦如来坐像は像高260センチで頭部のみ鎌倉時代の作。『華厳経』の世界を解く姿とされる。像高160センチの薬師如来立像は選仏場の本尊で、衣文を深く彫り出し、袖下を長く垂らす。

### □ 伝説・その他

開山無学祖元の法話を聞こうとして白鹿が集まったという奇瑞から山号がついたという伝説が残る円覚寺には17の塔頭がある。佛日庵は弘安7年(1284)に没した開基北条時宗の廟所で、堂内には時宗と子の貞時、孫の高時の木像が安置されている。

総門右手の帰源院は円覚寺第38世傑翁是英の塔所。夏目漱石が人生に悩み、禅に解決を求めて止宿したことで知られる。境内には漱石の句碑が残る。

しかし、創建以来、度々の火災に遭い、特に応安七年（一三七四）十一月の仏光派と大覚派の対立による大覚門徒の放火による火災は最も被害が大きく、全盛時代の状態に復することはついにできなかった。

その後、鎌倉公方足利氏、関東管領上杉氏、後北条氏などの支援により、宋の禅寺様式を模した七堂伽藍がほぼ一直線に並ぶ伽藍配置が室町から江戸時代にかけて徐々に整備され、現在では十七の塔頭を従える荘厳な規模に復している。

境内の建築物では、塔頭正続院《しょうぞくいん》境内に建つ舎利殿が特に有名。鎌倉で唯一国宝に指定さ

▲塔頭正続院境内に鎌倉で唯一国宝に指定されている建築物・舎利殿がある

▲十一面観音坐像。木造。像高57.7cm、面部は鎌倉時代(他は江戸時代)。塔頭の佛日庵の本尊。北条時宗が元寇前に禅の修業を積んだ時に拝していた像とされる

▲妙香池の対岸、方丈に囲まれるように配された方丈庭園

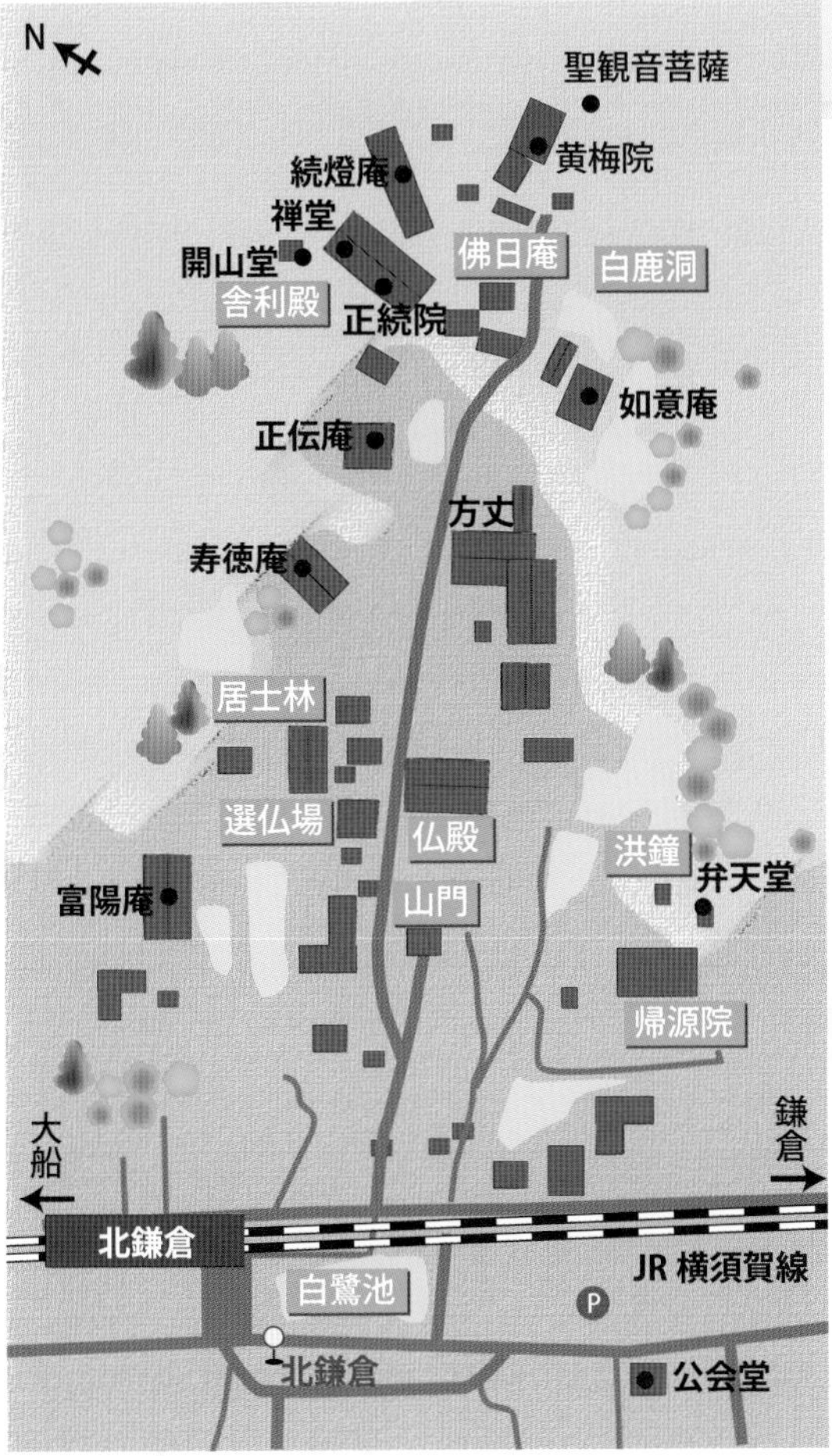

▲露出した岩盤をそのまま利用した虎頭岩が張り出す妙香池

▲開基北条時宗の廊所・塔頭佛日庵に祀られている北条時宗像

れている建物で、単層・入母屋造り・裳階《もこし》付き・柿葺きの典型的な唐様禅宗建築で、室町時代の建造とされる。

また、重層八脚の壮大な山門は、天明五年（一七八五）に再建されたもので「圓覚興聖禅寺《えんがくこうしょうぜんじ》」の額は伏見上皇の宸筆。夏目漱石の『門』や川端康成の『千羽鶴』など名作の舞台として知られる。

茅葺き屋根と白壁のコントラストが美しい選仏場は、元禄十二年（一六九九）に建てられた坐禅道場。

本尊の宝冠釈迦如来坐像を安置する仏殿は、関東大震災で倒壊したため、元亀四年（一五七三）の『仏殿指図』に従って昭和三十九年（一九六四）に再建されたもので、毎朝暁天坐禅会が開かれている。

**境内を彩る花**

塔頭帰源院の門前には5月下旬にサツキが咲く。同じく塔頭の佛日庵の境内にあるハクモクレンの大木は魯迅から送られたもの。他にもウメやシダレザクラ、ツバキなど四季折々の花々が咲く。緋毛氈が敷かれた縁台に腰かけて抹茶をいただきながら四季の花々を愛でる参拝者も多い。

晩秋の静寂な境内を紅く彩る紅葉の美しさも定評があり、多くの参拝客が訪れる。

その③ 仏像 釈迦如来坐像・水月観音菩薩半跏像

# 松岡山《しょうこうさん》 東慶寺《とうけいじ》

## 女人救済を寺法とした縁切り・駆け込み寺

### 北条時宗の妻、覚山尼が創建

鎌倉幕府第九代執権北条貞時が父の時宗の没後、弘安八年（一二八五）に覚山尼を開山として創建した。鎌倉尼五山のうち現存する唯一の寺院でもある。

開山の覚山《かくさん》尼は、幕府の重臣・安達義景の娘で母は北条政子の弟・時房の娘という名門の家柄に生まれた。十歳で八代執権北条時宗と結婚、時宗とともに無学祖元を師に臨済宗に帰依し、時宗が三十四歳の若さで亡くなる直前に夫婦揃って出家した。

東慶寺は、女性から離婚請求ができなかった封建時代にあって、この寺に駆け込んで三年間修行を行えば、妻の方から夫と離婚できる縁切り寺法の特権をもっていたため、「縁切り寺」「駆け込み寺」として名を馳せていた。

覚山尼が東慶寺を建てた年の十一月、霜月

▼露座の釈迦如来坐像背後に咲き誇るハナショウブ

▶ここへの行き方［MAP P117］

JR横須賀線北鎌倉駅正面改札口から、駅前の旧鎌倉街道を鎌倉方向へ直進、山ノ内公会堂を過ぎ、徒歩3分

| | |
|---|---|
| 住所 | 鎌倉市山ノ内1367 |
| 電話 | 0467-22-1663 |
| 拝観 | 8:30 ～ 17:00（11 ～ 2月は～ 16:00） |
| 料金 | 100円 |
| 宗派 | 臨済宗円覚寺派 |
| 開山 | 覚山尼道尼 |
| 開基 | 北条貞時 |
| 創建 | 弘安8年（1285） |

▲水月観音菩薩半跏像。木造・像高34cm、鎌倉時代。正しくは遊戯坐像といい、本堂の隣の水月堂に安置される。

▲参道の奥、花々に囲まれるようにして座す露座の釈迦如来坐像

▲本尊の釈迦如来坐像を祀る本堂・泰平殿。宝形造の屋根が美しい

騒動が勃発した。北条得宗家の家臣と頼朝以来の御家人が対立した戦乱で、実家の安達家が滅亡してしまった。覚山尼が東慶寺を「縁切り寺」としたことは、単に時宗の菩提を弔うだけでなく、戦乱の中で犠牲になった女達を思い、女人救済を実践したとも考えられよう。

東慶寺が松岡御所と呼ばれるのは、第五世に後醍醐天皇の姫宮・用堂尼《ようどうに》を迎えたことによる。寺伝によると用堂尼は兄の護良親王の菩提を弔うために入寺したという。この縁で、護良親王の終焉の地である二階堂が東慶寺の寺領となった。

江戸時代に入ると、豊臣秀頼の娘・天秀尼が第二十世となった。天秀尼は、秀頼の妻で徳川家康の孫である千姫の養女で、豊臣滅亡の折に特別に助命された。東慶寺に入るにあたり家康から望みを聞かれた天秀尼は「縁切りの寺法の断絶なきように」と答えたという。

寛永十六年（一六三九）、会津藩主・加藤明成が失政を批判した家老の堀主水《もんど》を誅した際、東慶寺に主水の妻子が逃げ込んできた。妻子の引渡しを執拗に迫る明成に対し、天秀尼は女性保護の寺法を楯に妻子の引き渡しを断り、千姫を通じて三代将軍家光に明成の横暴を訴えた。これにより会津四十万石加藤家は解易に追いやられた。

この事件で東慶寺の力が武家から庶民の

間に知れ渡り、江戸時代を通じて「縁切り寺」「駆け込み寺」の地位を確固たるものとした。

明治四年（一八七一）に約六百年に亘った縁切りの寺法が廃止された。その二年後には法律で女性の離婚請求権が認められ、実質駆け込み寺としての歴史に終止符を打ち、明治三十六年（一九〇三）には男僧住寺の寺院に改められた。

## 四季の花々に彩られた静かな境内

現在の境内に建つ本堂、書院、方丈など

### □ 仏像と文化財

本尊の木造釈迦如来坐像は像高91センチで泰平殿に安置されている。頭部内面の墨書銘によると永正12年（1515）の火事の際に取り出したこと、さらに永正15年（1518）6月に仏師弘円が面部を彩色し、左の玉眼を入れたことなどがわかる。

### □ 伝説・その他

明治38年（1905）に中興の祖とされる釈宗演禅師が入寺、寺観を復興し新たに禅寺としての歩みをはじめた。禅師の高徳を慕い、その門下には居士、哲学者、政財界人が多く集まった。

鈴木大拙も弟子の一人で、禅を世界的に広めた功労者として知られる。大拙は東慶寺の裏山に松ヶ岡文庫を創設、大拙が収集した仏教書が収められている。

▲聖観音菩薩立像。像高134.5cm、南北朝時代。国の重文で、土紋を貼り付けた優美な仕上がりは、典型的な宋元風の像とされる

▲大人が２人通れるほどの小さな山門

▲境内には多くの歌碑や石碑が点在する

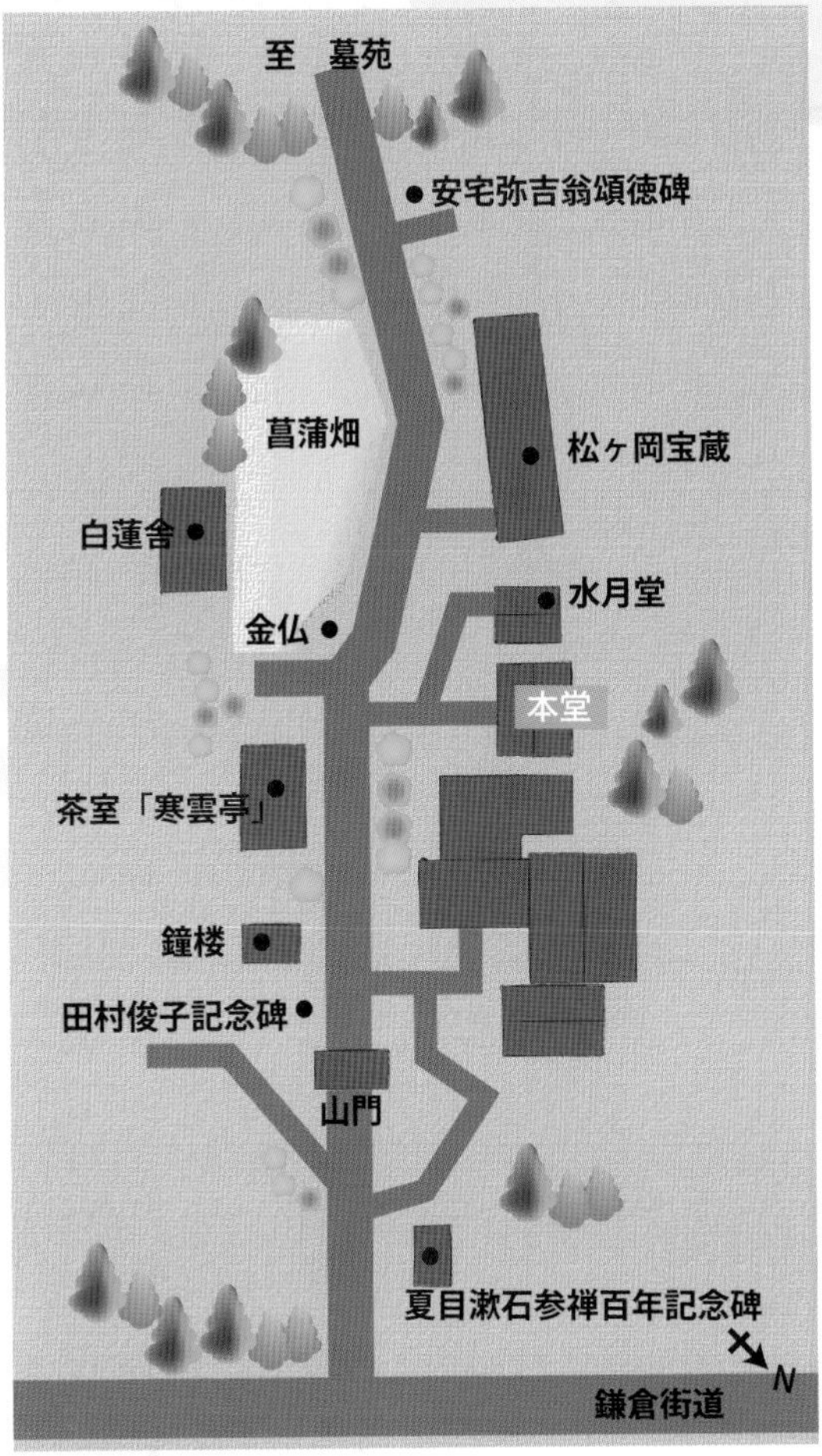

▲梵鐘は観応元年(1350)、補陀落寺から移築された

▲周囲を山々に囲まれるようにして堂宇を配する

は全て昭和になってからの再建。
そして、ようやく大人二人が通れるほどの瀟洒な山門をくぐり、墓苑へほぼ一直線に続く境内の参道は、四季の花々に包まれたのどかな雰囲気に溢れている。
墓苑には右手の斜面に覚山尼、用堂尼、天秀尼など歴代の住持の墓が並んでいる。また、西田幾太郎、鈴木大拙、高見順、小林秀雄などの文化人の墓も多い。
本堂近くの白壁が印象的な宝物館・松ヶ岡宝蔵には、葡萄《ぶどう》蒔絵《まきえ》螺鈿《らでん》聖餅箱《せいへいばこ》や江戸時代の縁切り関係の古文書などが多数残されており、いずれも国の重要文化財に指定されている。

**境内を彩る花**

境内には早春のウメやロウバイにはじまり、ハクモクレン、サクラ、シャガ、ハナショウブ、アジサイなどの花々が次々に咲き継ぐ。

6月、境内奥の岩壁には群生したイワタバコが見事な花を咲かせることでも有名。

夏が終わるころにはハギが咲きはじめ、10月にはシュウメイギク、11月にはツルリンドウ、そして晩秋には境内を紅や黄の紅葉が彩る。

【北鎌倉】

その④ 仏像 三世仏坐像・地蔵菩薩坐像

# 金宝山《きんぽうさん》 浄智寺《じょうちじ》

## 三世仏を本尊とする深い緑に抱かれた寺院

▲唐様鐘楼門の上層には江戸時代はじめの梵鐘が吊るされている

▶ここへの行き方［MAP P117］

JR横須賀線北鎌倉駅正面改札口から、駅前の旧鎌倉街道を鎌倉方向へ直進、精進料理の鉢の木を過ぎ、徒歩約8分

| | |
|---|---|
| 住所 | 鎌倉市山ノ内1402 |
| 電話 | 0467-22-3943 |
| 拝観 | 9:00 ～ 16:30 |
| 料金 | 200円 |
| 宗派 | 臨済宗円覚寺派 |
| 開山 | 南州宏海・兀庵普寧・大休正念 |
| 開基 | 北条師時 |
| 創建 | 弘安4年（1281） |

鎌倉五山の第四位に位する。弘安四年（一二八一）、鎌倉幕府第五代執権北条時頼の三男である北条宗政の菩提を弔うために創建された。宗政は八代執権北条時宗の弟で、評定衆など幕府の重役を歴任、元寇の折りには最前線となった筑後守護に任ぜられた。その死にあたり時宗が深く嘆いたことが金沢文庫に残る書状に記されている。

開基は宗政の子北条師時（第十代執権）であるが、師時は当時わずかに八歳であったため、実際には宗政夫人と時宗の創建と考えられる。

開山は三人で鎌倉では他に例をみない。三人の中で唯一の日本人僧・南州宏海《なんしゅうこうかい》が、既に故人であるが尊敬する師の兀庵普寧《ごったんふねい》に開山の名誉を遺贈し、導師の大休正念を請待開山に仰ぎ、自身は二世を名乗ったのではないかと『新編相模国風土記稿』にある。

南北朝時代に焼失したが、戦国時代、江戸

時代を通じて後北条氏、徳川氏に寺領寄進を受けた。しかし、伽藍の多くは関東大震災により大破し、現在の伽藍は昭和になって再建されている。

三方を山に囲まれた緑濃い谷全体が境内となっており国の史跡に指定されている。総門前には甘露池があり、その畔に鎌倉十井のひとつ甘露の井がある。鎌倉石の参道を登ると平成十九年(二〇〇七)に再建された鎌倉では珍しい唐様鐘楼門があり、上層には慶安二年(一六四九)の銘のある梵鐘が吊るされている。

鐘楼門をくぐると、その奥右手に曇華殿とも呼ばれる仏殿がある。

### □ 仏像と文化財

仏殿に安置される本尊は室町時代作の木造三世仏坐像。向かって左から阿弥陀如来・釈迦如来・弥勒如来と並び、それぞれ過去・現在・未来を象徴している。写実的な顔の表情や蓮台に衣紋の裾を長く垂らした彫像法は、鎌倉仏の特徴をよく表わしている。

また、木造地蔵菩薩坐像、永正12年(1515)玉隠筆『西来庵修造勧進状』は国の重要文化財に指定されている。

### 境内を彩る花

深い緑に抱かれた境内にはコウヤマキの巨木やハクウンボク、ビャクシン(鎌倉市天然記念物)、タチヒガンザクラなどがある。

◀本尊の三世仏坐像。左から阿弥陀・釈迦・弥勒の三尊で南北朝時代の作

仏殿に安置される三世仏

▲三方を山に囲まれた谷全体が寺域となっている

▶総門前には鎌倉十井のひとつ甘露の井がある

▲鎌倉石の参道をアジサイが埋め尽くす

【北鎌倉】

その⑤ 仏像 聖観世音菩薩像

# 福源山《ふくげんざん》 明月院《みょうげついん》

## 境内を埋め尽くすアジサイの名所

六月中旬にアジサイの花が境内を埋め尽くす「アジサイ寺」として余りにも有名。その起源は、平安時代末期、鎌倉山内庄を領した山内首藤俊通《やまのうちすどうとしみち》の菩提を弔うために、子の経俊が建立した明月庵とされる。

経俊は源頼朝の乳兄弟で、源平の争乱では源氏方の有力御家人として活躍し、一説にはその末裔が土佐藩の祖・山内一豊であるという。

その後、文永五年（一二六九）、八代執権北条時宗が蘭渓道隆《らんけいどうりゅう》を開山として禅興寺に改め、さらに、康暦二年（一三八〇）に鎌倉公方足利氏満の命で関東管領上杉憲方《うえすぎのりかた》が密室守厳を中興開山として寺域を拡大し、堂宇を整えるなどして中興した。この時に、明月庵は明月院と寺名を改め、禅興寺塔頭の首位となった。禅興寺は室町幕府三代将軍足利義満の時代に、関東十刹の第一位になり隆盛を極めたが、明治初年の廃仏毀釈《はいぶつきしゃく》で明月院のみが残った。

総門左手で拝観受付を済ませ境内に足を

▶ここへの行き方［MAP P117］

JR横須賀線北鎌倉駅正面改札口から、駅前の旧鎌倉街道を鎌倉方向へ直進、浄智寺を過ぎ、JR横須賀線の踏切を渡り左へ、さらに明月院通りを右に進み、徒歩約12分

| | |
|---|---|
| 住所 | 鎌倉市山ノ内189 |
| 電話 | 0467-24-3437 |
| 拝観 | 9:00 ～ 16:00<br>(6月は8:30 ～ 17:00) |
| 料金 | 500円 |
| 宗派 | 臨済宗建長寺派 |
| 開山 | 密室守厳 |
| 開基 | 上杉憲方 |
| 創建 | 明月院・永暦元年(1160)<br>禅興寺・文永五年(1268) |

踏み入れると鎌倉幕府五代執権北条時頼の廟所と墓がある。さらに、鎌倉石の石畳の細い参道を登り詰め山門をくぐると正面に円窓で知られる方丈が建ち、本尊の木造聖観世音菩薩像が祀られている。方丈の前にはツツジの植え込みを借景とした白砂の美しい枯山水の庭が広がる。

方丈の左手、一段高くなった場所には開山堂が建ち、鎌倉十井のひとつ、瓶ノ井《つるべのい》がある。開山堂には密室守厳《みっしつしゅごん》の木像が安置されている。さらに、山際の崖には現存するやぐらでは鎌倉最大規模の明月院やぐらがある。やぐらの中央には開基・上杉憲方の供養塔が立つ。

### □ 仏像と文化財

開山堂の傍らに瓶ノ井(井戸)がある。内部が「水瓶のようなふくらみがある」ことからそのように呼ばれている。また、「水かめのような小さな井戸」という意味から「甕ノ井」とも呼ばれている。現在でも使用することのできる貴重な井戸で、鎌倉十井のひとつに数えられている。

### 境内を彩る花

境内には2000本を超えるアジサイが植えられ、毎年6月中旬にはほぼ全山が青一色に染まる。明月院がアジサイの名所となったのは戦後のことで、今や全国のアジサイ寺の端緒となり、毎年涼しげな花を咲かせ訪れる人々の目を楽しませている。

▲総門の前、疎水に架かる橋の上には愛らしい兎の像が目を引く

▲鎌倉幕府の名執権とうたわれた北条時頼の墓所墓

▲開山堂の山際の崖には鎌倉最大規模の明月院やぐらがある

▶方丈には本尊の木造聖観世音菩薩像が祀られている

【北鎌倉】

その⑥ **仏像** 地蔵菩薩坐像・千手観音菩薩像

# 巨福山《こふくさん》 建長寺《けんちょうじ》

## 鎌倉五山の第一位に位する臨済宗の巨刹

▲徳川家光が芝増上寺の崇源院霊所より移築した仏殿

臨済宗建長寺派の大本山で、室町時代には鎌倉五山の第一位に位した。建長元年（一二四九）、鎌倉幕府五代執権北条時頼の発願、開山に蘭渓道隆《らんけいどうりゅう》を招いて創建され、同五年に落成した。

道隆以降も歴代の住持には兀庵普寧《ごったんふねい》・無学祖元など当代を代表する各派の禅僧が住し、鎌倉五山全体の中心として、延慶元年（一三〇八）には朝廷から勅願を賜った。さらに至徳三年・元中三年（一三八六）には室町幕府より五山の第一位に列せられた。

建長寺は落成後、四十年を経てから度々大火に遭っており、その都度、再建が行われている。正保四年（一六四七）には、江戸幕府三代将軍徳川家光が芝増上寺の崇源院霊所より仏殿・唐門を移築して復旧した。このため、仏殿の壁や欄干には質素倹約を旨とする禅宗に似つかわしくない鳳凰や天女の透かし彫りが埋め込まれている。

▶ここへの行き方［MAP P117］

JR横須賀線北鎌倉駅正面改札口から、駅前の旧鎌倉街道を鎌倉方向へ直進、浄智寺を過ぎ、JR横須賀線の踏切を渡り、さらに直進、鎌倉学園を左折、徒歩約15分

住所 ◉ 鎌倉市山ノ内8

電話 ◉ 0467-22-0981

拝観 ◉ 8:30 ～ 16:30

料金 ◉ 500円（小中学生200円）

宗派 ◉ 臨済宗建長寺派

開山 ◉ 蘭渓道隆

開基 ◉ 北条時頼

創建 ◉ 建長五年（一二五三）

さらに、安永四年（一七七五）に三門、文化十一年（一八一四）に法堂が再建された。この内、三門、仏殿、法堂はいずれも国の重要文化財に指定され、他に三門右脇にある茅葺き鐘楼は国宝に指定されている。建長寺の伽藍配置は、総門・三門・仏殿・法堂と主要な建物がほぼ一直線に並ぶ。この配置は宋の禅寺の伽藍配置を踏襲したものである。

本尊は仏殿に安置されている地蔵菩薩坐像で、これは禅寺としては珍しい。創建以前の寺地は地獄谷と呼ばれる処刑場であった。この地で果てた人々の霊を弔うために地蔵菩薩を本尊にしたと考えられている。

### □ 仏像と文化財

仏殿に安置される本尊地蔵菩薩坐像は座高約2.4メートル、台座を含めると約5メートルにも及ぶ巨像。薄暗い法堂には、光に照らし出されるように千手観音菩薩像が安置されている。

絵画では、文永8年（1271）の自賛がある絹本淡彩蘭渓道隆像が国宝に、さらに彫刻の北条時頼像が国の重要文化財に指定されている。

### □ 伝説・その他

建長寺の裏山の林に住んでいた古狸が、三門を再建したいと願う老住持の代わりに住持に化けて勧進の旅に出た。しかし、旅の途中で古狸だということがばれてしまい、犬に噛み殺されてしまった。古狸の死体には金30両と銭5貫200文が残っていたという。

◀三門の楼上には釈迦如来などの諸仏が安置されている

▲地蔵菩薩坐像。木造・像高240cmで台座を含めると約5mもの巨大な地蔵尊。心平寺の旧本尊とともに仏殿に祀られる

▶高さ約2mの巨大な鐘は北条時頼の発願。国宝に指定されている

▶鎌倉五山の第一位の巨刹は多くの参詣者で賑わう

その⑦ 仏像 阿弥陀如来像・十二神将像

# 亀鏡山《ききょうざん》護国院《ごこくいん》 大長寺《だいちょうじ》

## 名月院に並ぶ、縁結びのアジサイ寺

北条綱成《ほうじょうつなしげ》の家臣、大道寺（天道とも）氏一族の感誉存貞が、北条綱成が玉縄城主（大船）の頃に、大頂寺として創建した。徳川家康の寄進状に、大長寺とあったために後に改名したとされる。正式には大長寿寺といい、京都の知恩院の末寺となっている。

立派な山門をくぐると、広い階段がある。これは家康の駕籠がそのまま横向きに上がりやすいようにと広げたものとされる。

### □ 仏像と文化財

本尊は阿弥陀如来で、市指定重要文化財の北条氏綱夫人の木像、法然上人像、十二神将像、善導大師像、家康公とその父の松平廣忠の位牌などがある。
境内には家畜供養碑、家康お手植えの銀杏の木があり、本堂の裏山の墓地には、北条氏綱夫人や一族の墓がある。家康お手植えのイチョウの木も必見。

▲墓域にある北条氏綱夫人や一族の墓

▲境内の一画には家康お手植えのイチョウの木が残る

▼山門から先、広い石敷きの参道が本堂に続く

▶ここへの行き方［MAP P117］

JR根岸線本郷台駅から南へ、県道横井鎌倉線を鎌倉方向へ向かい東側、徒歩約15分

住所 ● 鎌倉市岩瀬1464

電話 ● 0467-46-4428

拝観 ● 境内自由

料金 ● 無料

宗派 ● 浄土宗

開山 ● 感誉存貞

開基 ● 北条綱成

創建 ● 天文17年（1548）

仏像・史跡めぐりで、
鎌倉を訪れたら…

# 洋菓子

老舗からニューフェイスまで、鎌倉には美味しいスィーツが溢れている。ギフトにお土産に食べ歩きに…。みんなを笑顔にする懐の深さが鎌倉ならでは。

| 月 | 日 | 行事名 | 場所 | 内容 |
|---|---|---|---|---|
| 7月 | 7日 | 七夕祭 | 鶴岡八幡宮 | 舞殿に五色の絹糸や絹布、梶の葉などが供えられる。 |
| | 7~14日の間の土曜日から3日間 | 八雲神社例祭（大町まつり） | 八雲神社 | 町内を渡御する神輿を拝観すると疫病も退散するといわれる。 |
| | 第1~第2日曜日 | 天王祭 | 小動神社他 | 江の島の八坂神社と同時開催。最終日に神輿が海上渡御する。 |
| | 第1~第2日曜日 | 八坂大神例祭 | 八坂神社（扇ガ谷） | 氏子が早朝由比ヶ浜で禊ぎカジメという海藻を採る。 |
| | 第2土曜日~3日間 | 八雲神社例祭 | 八雲神社（大町） | 14日の夜には、提灯を飾った神輿4基が町内を練る。 |
| | 15日 | 梶原施餓鬼 | 建長寺 | 三門施餓鬼会の後、梶原景時の慰霊のために再度、施餓鬼を行う。 |
| | 海の日 | 石上神社例祭 | 御霊神社（坂ノ下） | 海上の安全祈願を行う神事で海上で供物を流す。 |
| | 21日 | 鎌倉花火大会 | 由比ガ浜 | 海中の台船から約1700発の花火が打ち上げられ、夏の夜空を彩る。 |
| | 23・24日 | 地蔵まつり | 宝戒寺 | 本尊・地蔵菩薩の法要が。初日は舞踊などを奉納する。 |
| | 25日 | 荏柄天神社例祭 | 荏柄天神社 | 二階堂にあった熊野神社に合祀されていた八雲神社の神輿が出る。 |
| | 下旬 | 献灯祭 | 光明寺 | 祖先や水難者の追善供養で、灯籠流しの法会を行う。 |
| 8月 | 立秋の前日~9日 | ぼんぼり祭 | 鶴岡八幡宮 | 鎌倉在住の著名人手書きの約400基のぼんぼりに夕暮れとともに点火する。 |
| | 立秋前日 | 夏越祭 | 鶴岡八幡宮 | 夏の邪気をはらうため、茅の輪をくぐり無病息災を祈願する。 |
| | 立秋の日 | 立秋祭 | 鶴岡八幡宮 | 夏の間の無事を感謝し、実りの秋の訪れを奉告する。 |
| | 9日 | 実朝祭 | 白旗神社・鶴岡八幡宮 | 祭神のひとり鎌倉幕府3代将軍・源実朝を偲ぶ。 |
| | 10日 | 黒地蔵縁日 | 覚園寺 | 真夜中に除災と開運を祈願する黒地蔵施我鬼が行われる。 |
| | 10日 | 四萬六千日参り | 杉本寺、長谷寺他 | この日に参拝すると46000日分詣でたのと同じご利益があるとされる。 |
| | 10日 | 花火大会 | 由比ヶ浜、材木座海岸 | 約2500発の花火が上がる。華麗な水中花火が有名。 |
| | 23~24日 | 開山忌 | 建長寺 | 僧侶が仏殿で読経を行った後、開山大覚禅師の木像を御輿に乗せ法堂に移す。 |
| 9月 | 12日 | 龍口寺法難会 | 龍口寺 | 万灯練り供養が行われ、信者にごまぼた餅がまかれる。 |
| | 14~16日 | 鶴岡八幡宮例大祭 | 鶴岡八幡宮 | 初日の早朝に海岸で浜禊、15日には神幸祭、16日には流鏑馬が行われる。 |
| | 秋分の日を中心とした7日間 | 甘縄神明神社例祭 | 甘縄神明神社 | 14日に近い日曜日に神輿が山車とともに長谷を回る。 |
| | 18日 | 面掛行列 | 御霊神社 | 伎楽面や田楽面をつけた面掛十人衆が練り歩き、豊作・豊漁を祈願する。 |
| 10月 | 3日 | 開山忌 | 円覚寺 | 開山仏光国師の忌。宋朝様式の古式ゆかしい法会が行われる。 |
| | 第1日曜日 | 人形供養 | 本覚寺 | 古くなった人形や玩具などを集めて供養し焚き上げる。 |
| | 8~9日 | 鎌倉薪能 | 鎌倉宮 | かがり火に浮かび上がるように、能の幽玄な世界が繰り広げられる。 |
| | 12日 | お会式 | 各寺 | 日蓮が亡くなった日にその徳を偲ぶ。 |
| | 12~15日 | お十夜 | 光明寺 | 3日3晩にわたり本堂で念仏を唱えると、1000日の修行に値するとされる。 |
| | 15日 | 円覚寺舎利講式 | 円覚寺 | 塔頭正続院に収めてある釈迦の舎利を方丈に移し法要を営む。 |
| | 23日 | 彼岸会 | 各寺 | 秋の彼岸中日に行われる先祖を供養する法会。 |
| | 28日 | 文墨祭 | 白旗神社・鶴岡八幡宮 | 歌人としても有名な実朝の徳を偲び、歌会などが開かれる。 |
| 11月 | 文化の日を含む3日間 | 宝物風入れ | 円覚寺・建長寺 | 古書画や仏像などの貴重な宝物が、虫干しを兼ねて有料公開される。 |
| | 8日 | 丸山稲荷社火焚祭 | 丸山稲荷社・鶴岡八幡宮 | 五穀豊穣を感謝し、社殿の前で来年の豊作を祈願する。 |
| | 15日 | 七五三祈願祭 | 鶴岡八幡宮・鎌倉宮他 | 男子3歳・5歳、女子3歳・7歳に氏神に詣でて成長を祈る。 |
| | 21日 | 龍口寺御会式 | 龍口寺 | 日蓮の命日に日蓮宗各寺院で行われる。鎌倉では龍口寺が最も盛大。 |
| 12月 | 16日 | 御鎮座記念祭 | 鶴岡八幡宮 | 社殿に石清水八幡宮の神霊を迎える儀式。巫女による舞などが奉納される。 |
| | 18日 | 歳の市 | 長谷寺 | だるまや熊手など、正月を迎えるための縁起物を売る露天が参道に並ぶ。 |
| | 31日 | 大祓 | 鶴岡八幡宮・鎌倉宮 | 1年の罪や穢れを払う神事。 |
| | 31日 | 除夜の鐘 | 各寺 | 108の鐘を鳴らして1年間の煩悩を祓い、新年を迎える。 |

# 鎌倉の主な年中行事

| 月 | 日 | 行事名 | 場所 | 内容 |
|---|---|---|---|---|
| 1月 | 1日 | 初詣 | 各寺 | 新年に1年の平穏と幸福を祈願する。 |
| | 1日 | 神楽事始め | 鶴岡八幡宮 | 新年を迎えた舞殿で小学生による「八乙女の舞」が奉仕される。 |
| | 1～3日 | 初えびす | 本覚寺 | 年初めのえびす神事。商売繁盛を祈願する福笹が授与される。 |
| | 1～6日 | 御判行事 | 鶴岡八幡宮 | 御神印を参拝者の額に押し当て、病気平癒・厄除・無病息災を願う。 |
| | 2日 | 舟おろし | 坂ノ下海岸 | 坂ノ下海岸の漁師による仕事始めの行事。1年の豊漁と安全を祈願する。 |
| | 4日 | 手斧始式 | 鶴岡八幡宮 | 建築関係者の仕事始め。建築工事の所作が古式ゆかしく再現される。 |
| | 4日 | 舟おろし | 腰越漁港 | 腰越漁港の漁師による仕事始めの行事。 |
| | 5日 | 除魔神事 | 鶴岡八幡宮 | 武士の仕事始め。裏に「鬼」の文字が書かれた大的を射て邪を払う。 |
| | 最初の巳の日 | 初巳祭 | 銭洗弁財天宇賀福神社 | 商売繁盛の御利益で知られ、商業関係者の参拝が多い。 |
| | 成人の日 | 成人祭 | 鶴岡八幡宮 | 新成人が舞殿上で新たな社会の担い手になったことを報告する。 |
| | 10日 | 本えびす | 本覚寺 | えびす神の例祭。商売繁盛を祈り、烏帽子をつけた福娘が福餅を振舞う。 |
| | 11日 | 汐まつり | 坂ノ下・材木座海岸 | 海神を鎮め航海や漁の安全と豊漁を祈願して、神楽を奉納する。 |
| | 15日 | 左義長神事 | 鶴岡八幡宮ほか | 返納された門松・注連縄・古神札・お守りなどを集め、積み重ねて焼く。 |
| | 16日 | 閻魔縁日 | 圓應寺 | 地獄の釜の蓋が空き、全ての餓鬼が解放される日。(8月16日にも催行) |
| | 22日 | 聖徳太子講 | 宝戒寺 | 市内の建築関係者・植木屋・石屋などが集まり、護摩を焚いて読経する。 |
| | 25日 | 筆供養 | 荏柄天神社 | 学問・書道の向上を祈願するため。古筆などを焚き上げて供養する。 |
| | 25日 | 文殊祭 | 常楽寺 | 秘仏の木造文殊菩薩坐像が開帳され、法会が行われる。 |
| 2月 | 立春の前日 | 節分祭 | 鎌倉宮他各寺社 | 年男と年女による豆撒きが行われ、邪気の訪れを防ぎ旧年中の穢れを払う。 |
| | 初午の日 | 初午大祭 | 佐助稲荷神社 | 春の農作業の開始を前に、稲荷大明神に1年の豊作を祈る。 |
| | 8日 | 針供養 | 荏柄天神社 | 裁縫の上達を祈って、豆腐に使い古した針を刺して供養する。 |
| | 11日 | 荒行 | 長勝寺 | 百日に渡る水垢離の荒行をした修行僧による、仕上げの水行。 |
| | 15日 | 涅槃会 | 各寺 | 釈迦の入滅日に遺徳を偲ぶ法会。 |
| | 17日 | 祈年祭 | 鶴岡八幡宮 | 五穀豊穣を祈念する祭。 |
| 4月 | 3日 | 若宮例祭 | 鶴岡八幡宮 | 石清水八幡の神を源氏の氏神として勧請した最初の場所の例祭。 |
| | 4日 | 時宗祭 | 円覚寺 | 北条時宗の命日で、茶会が行われる。 |
| | 7～9日 | 極楽寺本尊開扉 | 極楽寺 | 秘仏の本尊を特別開扉する。 |
| | 8日 | 降誕祭 | 各寺 | 釈迦の誕生を祝う法会。釈迦像に甘茶をかけて祝う。 |
| | 8日 | 忍性墓特別公開 | 極楽寺 | 裏山（奥の院）にある開山・忍性の石塔が公開される。 |
| | 第1～第3日曜 | 鎌倉祭 | 鎌倉全体 | 頼朝を偲ぶ観光行事。古社寺めぐりやパレード、野点などが行われる。 |
| | 第2日曜 | 静の舞 | 鶴岡八幡宮 | 義経との別れの悲しみを訴えた舞が奉納される。 |
| | 第2日曜 | 扇供養 | 妙法寺 | 使い古した舞い扇の供養をする。 |
| | 13日 | 源頼朝公墓前祭 | 源頼朝墓前 | 源頼朝の命日に墓前で供養を行う。 |
| | 第3土曜 | 義経祭 | 満福寺 | 義経の遺徳を偲ぶ法会の後、腰越商店街をパレードする。 |
| | 第3日曜 | 流鏑馬祭 | 鶴岡八幡宮 | 流鏑馬道を疾走しながら、3つの的を射る武田流流鏑馬の奉納。 |
| 5月 | 5日 | 菖蒲祭 | 鶴岡八幡宮 | 男子の邪気を払い、無病息災を祈願する。 |
| | 5日 | 草鹿 | 鎌倉宮 | 鎌倉時代の武士の武術訓練とされる鹿を象った的に向かい矢を射る。 |
| | 9日 | 子育鬼子母神祭 | 大宝寺 | 荒行を終えた僧達が子供達の成長を祈願する。 |
| | 22日 | 北条一族慰霊供養 | 宝戎寺 | 北条高時以下の北条一族が東勝寺で自刃した日に行われる供養。 |
| | 第3日曜 | 秋葉山三尺坊大権現大祭 | 光明寺・秋葉大権現 | 防災の神様として古くから信仰を集める秋葉大権現の大祭。 |
| | 28日 | 白旗神社例祭 | 鶴岡八幡宮・白旗神社 | 源頼朝・実朝を祭神とする白旗神社の例祭。 |
| 6月 | 3日 | 葛原岡神社例祭 | 葛原岡神社 | 祭神である日野俊基の霊を慰める 。第2日曜日に神輿が出る。 |
| | 上旬 | 蛍生放祭 | 鶴岡八幡宮 | 境内の柳原神池の畔で神職により蛍が放たれる。 |
| | 16日 | 川村瑞賢供養 | 建長寺 | 海運・治水の功労者、川村瑞賢の墓前で行われる法要。 |
| | 28日 | 海開き | 由比ヶ浜海岸他 | 海岸に祭壇を設け神職により海の安全を祈願、巫女の舞が行われる。 |
| | 30日 | 大祓式 | 鶴岡八幡宮・鎌倉宮 | 半年間の罪や穢れを祓い清め、無病息災を祈願する。 |

特集

# 仏像の基礎知識

釈迦如来

仏さまは基本的には私達人間と同じ形をしている。しかし、仏像をよく観察してみると仏さま独特のさまざまな姿態を見い出すことができる。

例えば耳を見てみると、異様に長いのに気付くだろう。垂らした手もうんと下の方に伸びている。あるいは、頭頂に隆起があったり、眉間に光を放つ白毫があったりと、私達人間とは異なる超歴史的・超人間的な仏さまの優れた特徴が表現されているのである。

そのために、仏さまを造る時は「三十二相」「八十随形好」といった条件を揃えなければならないのだ。

また、たくさんいらっしゃる仏さまの中で、「どの仏さまが一番お偉いのか」という疑問を持ったことがないだろうか。もちろん、仏さまは皆お偉いのだけれど、あえて順番をつけるとすれば、本家筋といえる「如来」さん、次に分家筋の「菩薩」さん、それから本家をお守りする「明王」さんや「天」「羅漢」さんとなる。

仏さまは、それぞれに故郷、独自の履歴、専門分野を持ち、人間分野と深い関わり合いを持っておられるのである。

ここでは、日常親しみやすい仏さまをあげて、基本的な解説を行うこととする。

## 如来（にょらい）

「如来」は、真如の世界から来て、衆生（生きとし生けるもの）を救って下さる仏さまである。代表的な如来に釈迦、阿弥陀、薬師、大日がいらっしゃる。

## 釈迦如来（しゃかにょらい）

菩提樹の下で悟りを開かれた人間釈迦を通して示される教えを顕している仏さま。端正なお顔立ちと、右肩を露わにした衣を着けている。右手の掌を正面に優しく開き、左手は掌を上にして静かに膝に置く。この手の形を「施無畏・与願印」といい、施無畏は不安を除き、与願印は願いを聞いてくださる慈悲の心を顕す。

## 阿弥陀如来（あみだにょらい）

極楽浄土の教主。アミダはインドの言葉をそのまま映したもので「無量」を意味する。阿弥陀如来を信じれば全ての衆生を極楽浄土に導いてくださる。平安時代に貴族達の心をとらえて数多く造られた。手の形は「九品印」といい、人差し指・中指・薬指のいずれかと、親指とで輪を造る。両脇に観音・勢至菩薩を伴っておられるものを三尊という。

## 薬師如来（やくしにょらい）

〝薬〟の名が示す通り「病苦を除く」仏さま。如来になる前、菩薩として修行中に12の願を立てられた。その第6と第7は「病気を治し、身体を立派にし、豊かな生活を送れるよう導こう」。手の形は釈迦如来と同じだが、左手に薬壷をのせる姿も多い。両脇に日光・月光菩薩を伴ったものを三尊という。

## 大日如来（だいにちにょらい）

密教の最高位で仏の中の仏といわれる。宝冠を頂き、身には飾りをつけて貫禄を示す。知徳を顕す「金剛界」の大日如来と、理徳を顕す「胎蔵界」の大日如来とがある。手の形は前者は「知拳印」といい人差し指を握り、後者は「法界定印」といい座禅のときのように両手を掌を上にして親指の先を合わせている。

## 菩薩（ぼさつ）

如来の境地に達するために修行中で、衆生の教化に励む。貴人の服装で、宝冠・碗釧・天衣などの服飾を付ける。

如意輪観音

## 観音菩薩（かんのんぼさつ）

観世音菩薩、観自在菩薩ともいう。三十三観音と呼ばれるように変化身が多く、基本形は聖（正）観音で、1面2臂の菩薩形で、持物は左手に蓮華を持つのが一般的。他に、多面多臂の超人間的な姿の千手観音、如意輪観音、十一面観音、不空羂索観音、准胝《じゅんてい》観音、馬頭観音などがいらっしゃる。

## 弥勒菩薩（みろくぼさつ）

右手を頬に当て、もの思いに耽っておられる仏さま。釈迦如来の入滅後、56億7000万年後という気の遠くなるような時を経て、如来となって現われるという。この時に釈迦の救いに漏れたものをことごとく救済する。今は兜率天という欲界における六欲天の第4の天部で瞑想中とされる。戦国時代に弥勒仏がこの世に出現するという信仰が流行した。

## 地蔵菩薩（じぞうぼさつ）

〝お地蔵さん〟の名で最も広く親しまれている。その名の由来は、大地が万物を育む力を蔵するように、人々を慈しむ心を無尽蔵に持つことから名付けられた。姿は、頭をまるめ、右手に錫杖、左手に宝珠を持ち、袈裟を纏う。延命・子育て・身代り・とげ抜き・疱瘡・いぼ・路傍の道祖神・交通安全地蔵となって現われる。

## 虚空蔵菩薩（こくうぞうぼさつ）

〝虚空〟とは大空の意味で、大空のように広大無辺の功徳を持つとされる。智恵の仏さまとして、慈悲の地蔵菩薩と並んで庶民の信仰を集めた。五仏宝冠という冠をいただき、右手に宝剣、左手の蓮華上に宝珠を持つ。智恵や知識、記憶といった面での利益をもたらす菩薩として、最近は受験生の信仰を集めている。

## 明王（みょうおう）

密教の教典で初めて登場する仏さま。明王の〝明〟は、如来の明呪を保持する者、すなわち持明使者のこと。仏道に障害をなすものを粉砕するために怒りの表情をしている。

## 不動明王（ふどうみょうおう）

大日如来の化身という。仏さまの教えに聞かずに反抗する者を威力で説き伏せる役目を持つ。右手に剣、左手に羂索（ロープ）を握る。総髪で弁髪を左胸に垂らし、片方の目は半月に、もうひとつはクワッと見開き、口は牙をグイッとむき出して結ぶ。悪を退治するために見るからに恐ろしい容姿をしている。

## 五大明王（ごだいみょうおう）

密教特有の尊格である明王のうち、中心的役割を担う5名の明王を組み合わせたもの

十一面観音

閻魔大王

で、不動明王の他、降三世・軍荼利・大威徳・金剛夜叉明王がおられる。本来は別個の尊格として起こった明王達で、それぞれに専門の立場があるが、いずれも悪逆で教化しがたい者を救うため、憤怒の形を顕している。

## 愛染明王（あいぜんみょうおう）

顔は怒りの形相をあらわし、全身を燃え立つような赤色に塗られる。人間が愛欲に溺れるのを、そのまま菩提心に変える働きをする。頭には獅子冠をいただいて髪を逆立て、三の目をギョロつかせて、口をクワっと開き、6本の手に弓矢などを持つ。その霊験の中に縁結びがあるため、古くから若い男女に親しまれてきた。

地蔵菩薩

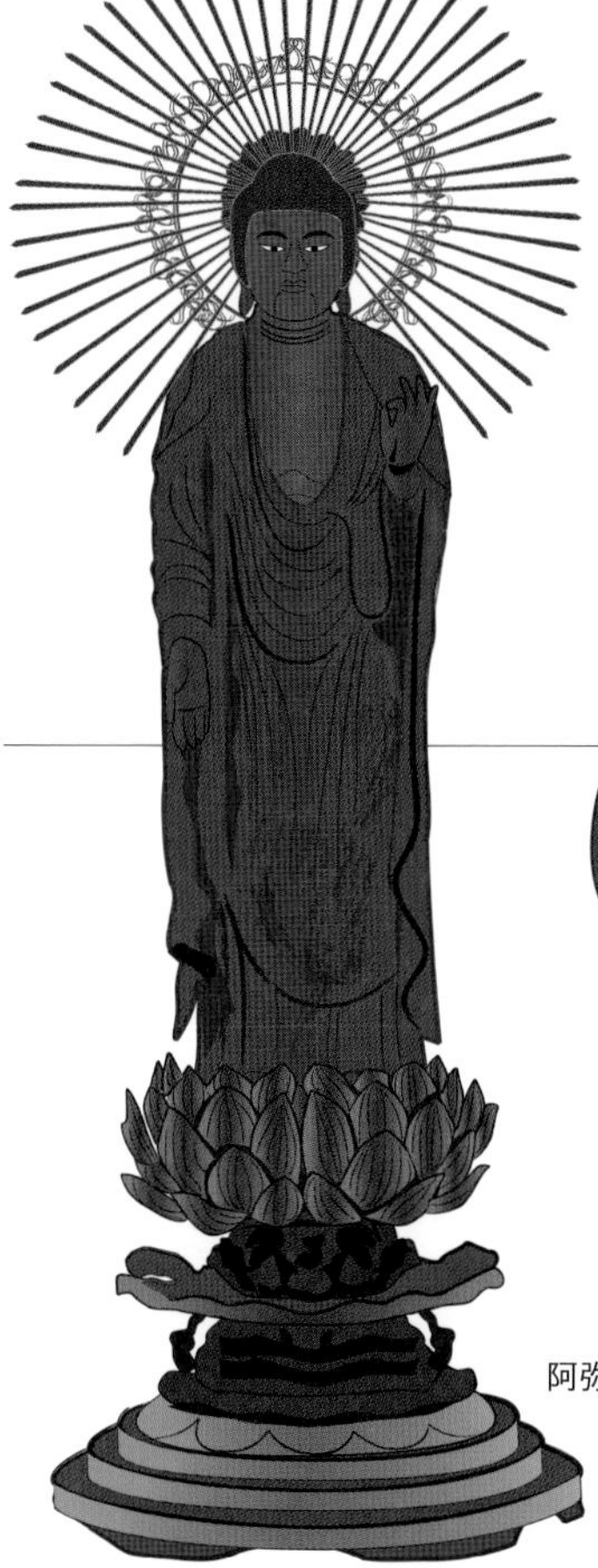
阿弥陀如来

## 天（てん）

仏教以前のバラモン教、ヒンズー教の神々を仏教に取り入れたもの。四天王・十二神将・金剛力士・梵天・帝釈天は甲冑、吉祥天・弁財天・伎芸天は天女の衣を纏う。

## 四天王（してんのう）

古代インドの世界観の中で中心にそびえる聖なる山・須弥山に住む帝釈天の輩下。須弥山を取り巻いて7つの金の山と鉄囲山があり、その間に8つの海がある。これを九山八海という。その須弥山の中腹の四方の門を守る四つの仏さま。東の門は持国天、南は増長天、西は広目天、北は多聞天（毘沙門天）が固める。

## 羅漢（らかん）

悟りの境地に入った修行者。迷いの境地を脱した境地（阿羅漢果）を得た人達のことをいう。禅寺では釈迦如来の両脇に釈迦の十大弟子である阿難・加葉の立つことが多い。

## 十六羅漢（じゅうろくらかん）

仏勅を受けて永くこの世に住し衆生を済度する役割をもった16人の阿羅漢。賓度羅跋囉惰闍（おびんづる様）、迦諾迦伐蹉《かなかばっさ》、迦諾迦跋釐《かなかばり》堕闍《だじゃ》、蘇頻陀《すびんだ》、諾距羅《なこら》、跋陀羅《ばだら》、迦哩迦《かりか》、伐闍羅《ばじゃら》弗多羅《ぶたら》、戎博迦《じゅばか》、半託迦《はんたか》、囉怙羅《らごら》、那伽犀那《ながせな》、因《いん》掲陀《がだ》、伐那婆斯《ばなばす》、阿氏多《あじた》、注荼半諾迦《ちゅだはんたか》の16人。

# 鎌倉略年表

| 西暦 | 和暦 | 事項 |
| --- | --- | --- |
| 710 | 和銅3 | 平城京（奈良）遷都 |
| 734 | 天平6 | 大倉観音堂（後の杉本寺）が行基により創建される。鎌倉最古の寺院 |
| 736 | 天平8 | 長谷寺が創建される。開基は藤原房前 |
| 794 | 延暦13 | 平安京（京都）遷都 |
| 1063 | 康平6 | 源頼義が石清水八幡宮の分霊を勧請し、由比若宮を起す。鶴岡八幡宮の前身 |
| 1081 | 永保元 | 源義家により由比若宮が修復される。この頃、源義光が京都祇園社を勧請し八雲神社を起す |
| 1104 | 長治元 | 荏柄神社が勧請される |
| 1180 | 治承4 | 源頼朝が由比若宮を北山に遷座し、鶴岡八幡宮の礎とする |
| 1182 | 寿永元 | 若宮大路・段蔓が造られる |
| 1185 | 文治元 | 平家滅亡。源義経が鎌倉入りを拒否され、腰越状を書く |
| 1188 | 文治4 | 浄妙寺の前身である極楽寺が創建される。この頃、小動神社が近江より勧請される |
| 1190 | 建久元 | 鶴岡八幡宮が大火により焼失、頼朝が復興を開始する |
| 1192 | 建久2 | 栄西、宋より帰国し臨済宗を伝える |
| 1200 | 正治2 | 壽福寺が創建される。長谷寺が大江広元により再興される |
| 1218 | 建保6 | 覚園寺の前身、大倉薬師堂が北条義時により創建される |
| 1227 | 安貞元 | 道元、宋より帰国、曹洞宗を広める |
| 1235 | 嘉禎元 | 明王院が創建される |
| 1238 | 暦仁元 | 深沢に大仏が建立される |
| 1243 | 寛元元 | 大仏殿の落慶供養が行われる。蓮華寺が建立され、後に光明寺に改められる |
| 1249 | 建長元 | 建長寺が創建される |
| 1251 | 建長3 | 浄光妙寺が創建される |
| 1252 | 建長4 | 金銅の鎌倉大仏（阿弥陀如来像）の鋳造がはじまる |
| 1253 | 建長5 | 日蓮が松葉ヶ谷に庵を建てる。後の安国論寺、妙法寺とされる |
| 1258 | 弘安8 | 東慶寺が創建される |
| 1259 | 正元元 | 極楽寺が現在の地に移される |
| 1260 | 文治元 | 日蓮、『立正安国論』を著し、北条時頼に献上する。妙法寺が創建される |
| 1261 | 弘長元 | 日蓮、伊豆に配流。忍性が鎌倉に入る |
| 1271 | 文永11 | 日蓮、幕府に捕えられ佐渡に流される（龍の口の法難） |
| 1274 | 文永11 | 日蓮、鎌倉に戻った後、甲斐身延山に入る。大巧寺が日蓮宗へ改宗 |
| 1278 | 弘安元 | 光触寺が創建される |
| 1282 | 弘安5 | 円覚寺が創建される。一遍、鎌倉入りを拒まれる |
| 1285 | 弘安8 | 円覚寺舎利殿が建立される。この頃、浄智寺が草創される |
| 1293 | 永仁元 | 関東で大地震、建長寺がほぼ全焼する |
| 1296 | 永仁4 | 鶴岡八幡宮が焼滅。覚園寺が建立される |
| 1300 | 正安2 | 建長寺が再建される |
| 1308 | 延慶元 | 建長寺・円覚寺が定額寺となる |
| 1313 | 正和2 | 上行寺が創建される |
| 1327 | 嘉暦2 | 夢窓礎石が浄智寺に入り、ついで瑞泉寺の前身、瑞泉院を建てて移住する |
| 1333 | 正慶2 | 鎌倉幕府滅亡、北条高時ら北条一族が東勝寺で自刃 |
| 1334 | 建武元 | 後醍醐天皇が建武の新政をはじめる |
| 1336 | 建武3 | 足利尊氏が後醍醐天皇を吉野へ追う。南北朝分立。この頃、小動神社が新田義貞により再興される |
| 1338 | 暦応元 | 足利尊氏が征夷大将軍となり、室町幕府がはじまる |
| 1341 | 暦応4 | 建長寺、五山第一位に列せられる |
| 1354 | 文和3 | 宝戒寺の寺容が整う |
| 1357 | 延文2 | 妙法寺が建立される |
| 1373 | 応安6 | 鎌倉五山の制が定まる |
| 1374 | 応安7 | 円覚寺が大火災に遭う |
| 1383 | 永徳3 | この頃、明月院が創建される |
| 1392 | 明徳3 | 足利義満により南北朝が統一される |
| 1394 | 応永元 | 海蔵寺が創建される |
| 1407 | 応永14 | 円覚寺が焼失する |
| 1436 | 永享8 | 本覚寺が創建される |
| 1438 | 永享10 | 永享の乱が起き、鎌倉にも戦火が広がる |
| 1455 | 康生元 | 今川範忠軍が鎌倉に入り、鎌倉公方足利成氏が古河に移る。この頃、青蓮寺が中興される |
| 1467 | 応仁元 | 足利義政の将軍後継者争いから京都で応仁の乱が起り、戦乱が全国に広がる。戦国時代のはじまり |
| 1486 | 文明18 | この頃、浄妙寺が荒廃する |
| 1512 | 永正9 | 小田原城主北条早雲が鶴岡八幡宮に参詣。この頃、東慶寺が中興される |
| 1532 | 天文元 | 鶴岡八幡宮、北条氏綱により大造営が行われる |
| 1548 | 天文17 | 大長寺が創建される |
| 1563 | 永禄6 | 円覚寺が火災に遭い、以降頽廃する |
| 1573 | 天正元 | 足利義昭、織田信長に京都を追われ室町幕府が滅亡。東勝寺がこの年以降に廃寺となる |
| 1603 | 慶長8 | 徳川家康が征夷大将軍となる。江戸幕府のはじまり |
| 1626 | 寛永3 | 徳川秀忠が鶴岡八幡宮の護摩堂などの諸堂・末社を竣工させる |
| 1636 | 寛永13 | この頃、明王院が火災に遭う。薬王寺が創建される |
| 1647 | 正保4 | 建長寺の復旧のために、芝増上寺崇源院霊所の仏殿・唐門を移建する |
| 1669 | 寛文9 | 妙法寺が現在地に移る |
| 1689 | 元禄2 | 徳川光圀が瑞泉寺を再興する |
| 1821 | 文政4 | 鶴岡八幡宮大火により諸堂を焼失する |
| 1828 | 文政11 | 鶴岡八幡宮の再興が完了、正遷宮が行われる |
| 1867 | 慶應3 | 徳川慶喜が大政奉還、江戸幕府が滅亡する |
| 1868 | 明治元 | 明治維新。廃仏毀釈運動がはじまる |
| 1869 | 明治2 | 鎌倉宮が勧請される |
| 1872 | 明治5 | 白旗神社が造営される |
| 1887 | 明治20 | 葛原岡神社が創建される |
| 1897 | 明治30 | 古都保存法が制定される |
| 1902 | 明治35 | 東慶寺、この年から男僧の住持となる |
| 1950 | 昭和25 | 文化財保護法が制定される |
| 1964 | 昭和39 | 鎌倉風致保存会が設立される |
| 1981 | 昭和56 | 本覚寺の夷堂が再建される |

# 《索引》

◉ 50音順



鎌倉仏像めぐりに守りたい

## 拝観のマナー

厳密にいうと仏像は美術品ではない。では何かと聞かれたら「信仰の対象」なのである。特に鎌倉は、京都などに多い観光寺院と違い人々の信仰心とともにある寺院が多い。そんなお寺の方々から「最近は拝観のマナーが悪い」という話を聞く。無断で内陣や結界に入り込む、仏像にストロボを当て写真を撮る、法要の途中に勝手に入り込む、あげくにはお堂の軒先や境内で飲食をして、ごみをお堂や境内に置いていくなど・・・・・・。このような行為は、寺院や仏像があくまでも信仰の対象であること忘れてしまった結果に起ること。くれぐれもこうした行為は慎みたい。また、お寺によっては、お経をあげたり、焼香をしたり、由緒や説教を聞くことを重要視するところもある。必ずお寺のしきたりに従って拝観することを心がけよう。

【Author・Editor】
高野 晃彰（デザインスタジオタカノ・ベストフィールズ）

【Writer】
星埜 俊昭（T.I.K.）

【Design】
今岡 祐樹（ガレッシオデザイン有限会社）

【Illustrator・Map】
高野 えり子（デザインスタジオタカノ）

【Map】
イトウ ミサ
国分 祐子
よすがでざいん

【Photographer】
高野 晃彰
ナミ タカハシ

【SpecialThanks】
社団法人鎌倉市観光協会
社団法人藤沢市観光課
ご協力をいただいた掲載寺社の皆様

**鎌倉　仏像さんぽ　新装改訂版**
**～お寺と神社を訪ね、仏像と史跡を愉しむ～**

2021年11月15日　第1版・第1刷発行

著　者　「鎌倉仏像さんぽ」編集室
（かまくらぶつぞうさんぽへんしゅうしつ）
発行者　株式会社メイツユニバーサルコンテンツ
代表者　三渡　治
〒102-0093 東京都千代田区平河町一丁目1-8
印　刷　株式会社厚徳社



ご意見・ご感想はホームページから承っております
ウェブサイト　https://www.mates-publishing.co.jp/

編集長：堀明研斗　企画担当：折居かおる／千代 寧

※本書は2012年発行の『鎌倉　仏像さんぽ　お寺と神社を訪ね、仏像と史跡を愉しむ』を元に情報更新・一部必要な修正を行い、書名・装丁を変更して新たに発行したものです。